西谷幸介［著］

改題改訂新版

「日本教」の極点

母子の情愛と日本人

ヨベル新書
092

YOBEL,Inc.

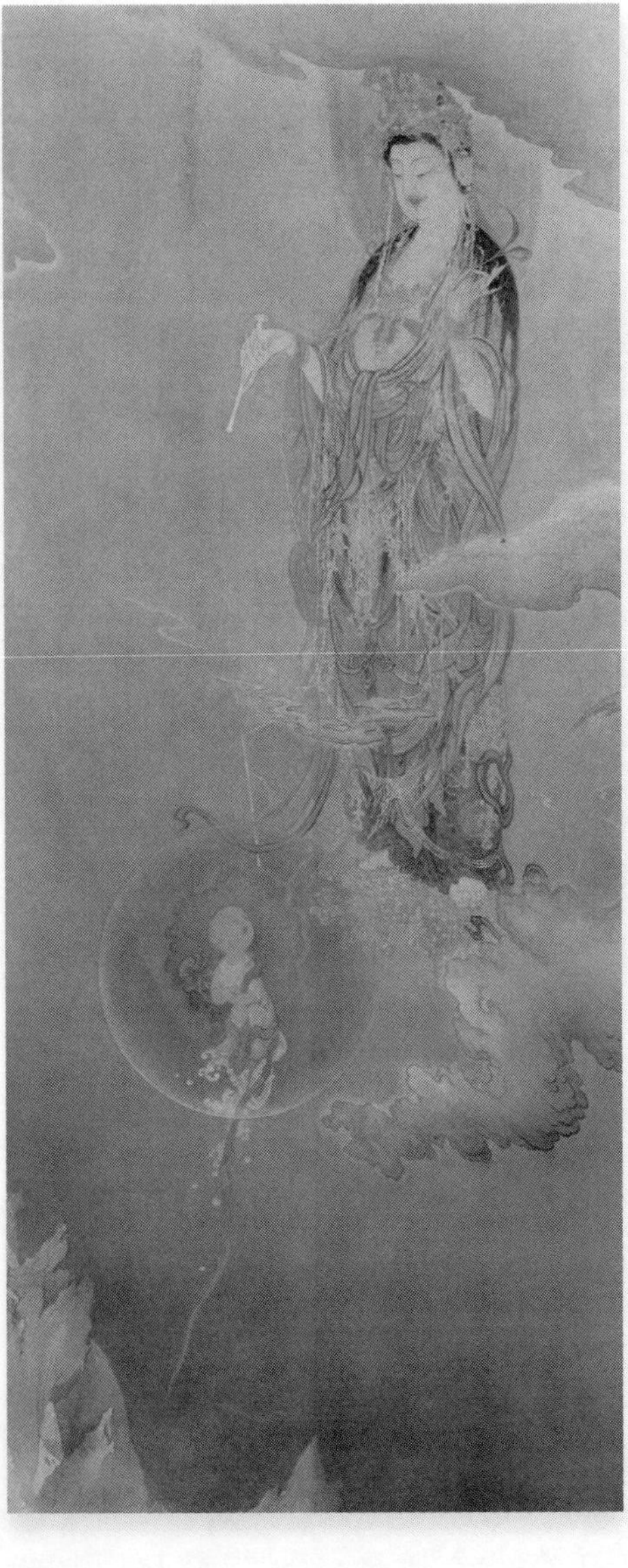

狩野芳崖「悲母観音」
（重要文化財、東京芸術大学所蔵）

はじめに――パウル・ティリッヒ

二〇一八年一二月八日、「出入国管理法改正案」が国会で可決されました。本格的な移民法とまでは言えないとしても、これから五年で三四万人余の外国人労働者を、家族帯同も可能として、招き入れようとする公法です。これが継続更新されると、現在すでに一四六万人を数える外国人労働者を含め約二六四万人となった在留外国人数[1]が、どんどん一千万人台に近づいていくことが考えられます。

改正出入国法による本当の開国

二十年前、第三ミレニアムを前にして、日本の「第三の開国」という議論[2]が盛んでした。しかし、私自身は、今回のこの改正入管法で、わが国の開国が本当に始まったな、と思っております。

しかし、それにしても、この法案を急いで通過させる勢いのかたわらに、あって然るべきものが一顧だにされていないという雰囲気を、嘆いている者でもあります。経営倫理学では「企業の唯一の社会的責任はその利潤の極大化である」[3]（M・フリードマン）という命題の問題性が指摘されるようになりました。この法案の背後にある哲学もそうした経済的観点一辺倒からのものなのではないか、と心配しています。

外国人労働者ですから、機械ではなく、人間です。労働力と言っても、人による力です。日本という国家がそういう人々の、またその家族の面倒を、国家の品格を保つ仕方で、見る覚悟ができているのか、そう心配しているのです。そして、実際、その心配が現実となっている状況が生じています。

とは言っても、私は政治家でも官僚でもありませんので、この問題に対する効果的な政策を直に立案実行することができません。そこで、私に可能なものを提供したいと思い、この書を著しました。

「あって然るべきもの」とは、日本の文化をめぐる議論です。この国の文化を作り出してきた日本人とはどういう人々か、という「日本人論」です。日本人の特徴が、日本人にも、外国人にも、共通に認識されれば、相互の摩擦をいくらかでも軽減できるのではないかと思うのです。日本人論は最近はいささか下火でしたが、より多くの外国人をわが国に受け入れようというこの機運で、再びそのニーズが高まりそうです。その意味でも、本書は日本に関心をもっておられる外国人の方々にも読んでいただきたいと願っています。[4]

というわけで、今、本書が日本人論であることを表明しました。しかし、「日本人論」と言えば、これはこれで、それなりの能書きを並べなければならないほど、一つの学問的ジャンルとして歴史的な蓄積があります。

そこで、この「はじめに」では、まずは簡単にでも研究史のようなものの提示が期待されるかもしれません。[5] しかし、一般の読者の方々にはそれもきっと面白くないに違いないと勝手に判断し(?)、本書を貫く三つの視点を述べながら、私の日本人論のねらいを申し上げ、本論に進んでいきたいと思っております。本論で取り上げていることも私自身が面白いと思ったことが中心です。

その三点の一つ目は、日本人論の著述の大量さと、私が考えるその理由です。一九七八年の野村総合研究所編『日本人論』[6]によれば、一九四六年以降に刊行された日本人論の文献は単行本だけで六八九冊を数えていました。青木保さんは、一九九〇年に、それ以降のものを加えれば「優に二千点はこすものと思われる」[7]と言われています。平成の時代に記されたものも加えれば、いったいどれほどの量になるでしょうか。ご存知のように日本人以外の著者による有名な——しかもはるか昔からの——日本人論も少なくはありませんが、やはり圧倒的に多いのは日本人による著作です。

日本人がわからないから日本人論が多い

ともかく、日本人論の著述は多いのです。外国でも各国民による自民族論がないわけではありません。しかし日本人論ほどの勢いと熱量はありません。ある時、ちょっと大きなブックオフさんを覗いたことがありました。日本（人）をテーマにしたコーナーが設けられており、目分量でもざっと千冊ほどの本が置かれていました。文化や芸術、社会制度、政治や経済など、さまざまな分野の本がありました。ゆるやかな基準で日本人論を集めればどれほどの量になるのか、見当もつきません。

では、なぜ、日本人はこんなにも「自分たち論」に夢中になるのでしょうか？　これについてはたとえば船曳建夫《ふなびきたけお》（1948～）さんの次のような説明があります。すなわち、欧米の文化と比較して日本の文化は劣等なのではないかという強い不安があったために、日本人論が日本人によってさかんに書かれまた読まれてきた、その延長線上で欧米人による日本人論も参照されてきた、というものです。[8]それなりに説得的です。

しかし、私自身は、日本人自身が日本人というものをとらえきれていないからこそ日本人は「自分たち論」を止められない、だから日本人論の著述と出版が続くのだ、と考えています。当の日本人がいまだに自分たちの根本的特徴をつかみきれていない、だからそれを言葉でも言い表わしてこれなかった。結局、日本人はこれまで納得のいく自分たち論をものにしてはこなかったのです。そうした中でもう一冊を出そうというのですから、本書は当然、その核心に迫ったぞと言おうとするものだ、ということになります。そうでなければ、読者の皆さんには失礼でしょう。

民族特性論と人間本性論

第二の点は、日本人論とはいわば日本民族特徴論ということであり、まずこうした民族特徴論こそが現代の地球世界にとって重要であり意義をもつ、ということです。なぜかと言えば、特定の土地に住み、特定の物語をもち、特定の言語で生活している人々が実際、実体として存続し続けているのであって、否定しがたいこうした事実は、安直にグローバル化を叫ぶ前に、民族相互でしっかりと承知されなければならない、と考えるからです。日本人は海洋民族として久しく鯨を食してきましたが、牛を食してきた狩猟民族もあり、相互は理解し合わねばならない、ということです。そして、こうした民族文化の議論を私は「民族特性 National Feature」論と呼んでいます。

と同時に、諸民族が相互に理解し合えるのは、互いに「人間本性 Human Nature」[9]を共有しているからだ、とも私は確信しています。民族の特徴と言っても、それはよく確かめれば、そこに濃淡の差はあるとしても、万人に通底しているものです。他者のあることについて自分にかすかにでもその覚えがあるからこそ、人は、他者を、また他民族を、理解できるのです。人間本性は万民に共通で普遍的なものです。ただ、民族的特徴は、その民族が生きてきた固有の自然（土地）や歴史（物語）や文化（言語）の条件に影響されて、その民族にとりわけ顕著に現象しているために、民族の特性として浮き彫りとなるわけです。食べるという本性は万人に共通していますが、何をどう食べるかという現象面は違っており、これが民族特性となります。

現代世界では、通信手段や移送手段の発展に伴うグローバル化によって、人間本性に基づくいわゆるグローバルスタンダードを設定する必要が増してきました。「国連」を始めとして、多くの国際機関、また各種の国際法はきわめて重要です。その意味で「人間本性」論の探究も重要なのですが、どっこい「民族特性」論も簡単には消え去りません。私は人間本性に基づく理想的な人類社会の実現という目標をけっして見失ってはいけないと思っています。その意味で「国連」はもっともっと大切にされなければなりません。しかし、そのためにこそ、現在の段階では、率直な民族特性論の相互提示がきわめて重要と考えております。私はいわゆる「グローカリズム」の立場を標榜する者ですが、その意味は今まさに述べた意味においてです。[10]

宗教は文化の内実、文化は宗教の形態　最後に本書を貫く三番目の視点として、ヒットラーに追われてアメリカに亡命し、そこで二十世紀半ばに活躍したドイツ人神学者パウル・ティリッヒの「文化の神学」の有名な命題を掲げたいと思います。それは「宗教は文化の内実であり、文化は宗教の形態である」[11]という命題です（これを**命題A**としておきます）。宗教は文化の根源であり、文化は宗教が開花したものである、と言い換えてもよいかと思います。そして、本書はこの宗教の視点から日本人の文化や社会の諸現象を分析したものなのです。

しかし、「宗教」と言い始めますと、「日本人の文化の話に宗教の話題はタブーだ、日本人が公の議論に宗教の話はもち出さないことくらい君も知っているだろう」という声が、ただちに聞こえてきそうです。私も小さい頃から何とはなしにそのことは心得て生活してきたように感じます。たしかに日本はよく言えば「多宗教共生社会」であり、それは異なる宗教どうしが互いを排除し合わない——キリスト教だけは排除されましたが——という鉄則、つまり個々の宗教の話はもち出さないという鉄則のもとに保持されてきた社会ですから、日本文化論に宗教を絡ませてうまくいくわけがない、という見方もわからないではありません。

けれども、ティリッヒは、「宗教」とか「信仰」という概念を人間の「究極的関心」[12]（Ultimate Concern, Was mich unbedingt angeht）と定義し（この「究極的関心としての信仰」という命題をBとしておきます）、既存の諸宗教を超えた宗教の次元を設定していますので、そこから既成諸宗教とは異なる日本人固有の宗教というものを想定する可能性も垣間見えてきます。実はこれが第一章で取り上げる山本七平さんの「日本教」という概念に結びついていきます。私自身は、山本さんの「日本教」概念は日本人論を真に進展させ深化させる決定的な発想であった、と思っている者です。

そこで、以下、早速、第一章から、日本人の究極的関心としての「日本教」という宗教について論じ始めてまいりますが、本書の日本人論が確定しようとしている日本人の究極的な民族特性は「母性社会」ということであり、とりわけその核心としての「母子の情愛」という価値です。これまで優れた日本人論が日本人の民族特性として上述の「日本教」（山本七平）の他、「タテ社会」（中根千枝）、「甘え」（土居健郎）、「二人称関係」（森有正）といった事柄を指摘してきました。これらは・・・どれも看過しえない日本人のナショナル・フィーチャーだと思われるのですが、それらの指摘に大いに学びながら、そこからもう一歩突っ込んだ議論がなされるべきではないかというのが、私のこれまでの思いでした。それを言葉にしたのが本書です。興味をもって読み進んで頂ければ、幸いです。

1 外国人労働者数は二〇一九年一月二五日厚生労働省発表のもの、在留外国人数は二〇一八年六月一九日法務省発表のもの。

2 代表的で重要意義をもった第三開国論としては、日本思想史家故松本健一さんの『開国のかたち』（毎日新聞社、一九九四年）の参照をお勧めします。

3　Milton Friedman, "The Social Responsibility of Business Is to Increase Its Profits" (*New York Times Magazine*, 33, 1970. 9. 13), pp.122—126); M. Friedman, *Capitalism and Freedom* (The University of Chicago Press, 1962), p.133. この訳文は麗澤大学教授で経営倫理学者である高巖先生によるものです。

4　本書と多くを重複する内容をもった英語著作として、Kosuke Nishitani, *Understanding Japaneseness. A Fresh Look at Nipponjinron through "Maternal-filial Affection"* (Hamilton Books, 2017) を参照して頂ければ、幸いです。

5　日本人論の研究史に通じたい読者にご紹介したいのは、刊行順に以下の三冊です。ベフ・ハルミ『イデオロギーとしての日本文化論』（思想の科学社、一九八七年初版、九七年増補新版）、青木保『「日本文化論」の変容——戦後日本の文化とアイデンティティー』（中央公論社、一九九〇年、九九年再版）、船曳建夫『「日本人論」再考』（ＮＨＫ、二〇〇二年）。これらは日本人論の歴史を教えてくれると同時に、日本人論全体および各日本人論に対する著者独自の秀でた見解を語っているという意味で、大変優れた「日本人論・論」です。興味深いのはこれら三人の著者ともに文化人類学者であるということです。

6　野村総合研究所編『日本人論：国際協調時代に備えて』（野村総合研究所情報開発部、一九七八年）。

7　青木、前掲書、25頁。

8　船曳、前掲書、13頁以下。

9　"Human Nature"という言葉はイギリスの経験論哲学者デイヴィッド・ヒュームの『人性論』*Treatise on Human Nature*（一七三五年初版）以来思想界でよく用いられるようになりましたが、これはキリスト教的な超越神信仰から離れた十八世紀啓蒙思想の人間中心主義《アンスロポセントリズム》を示唆する概念です。私は今後のグローバル世界における諸国民の対話の基盤は人間論《アンスロポロジー》に求めることが至当であろうと考えます。この世界には——仏教やこれから論じる日本教のように——もともと超越的存在としての「神」の概念を有さない宗教も存在するからです。「近代文化においては人間学《アンスロポロジー》があらゆる真理問題を定立するための基底となってきた」(Wolfhart Pannenberg, *Christian Spirituality* [The Westminster Press, 1983], p. 77; 西谷訳『現代キリスト教の霊性』〔教文館、一九八三年〕、112頁)。

10 私は青木保さんの次の言葉に賛同しています。「『日本文化論』は、今より開かれた『普遍性』に向い、世界を構築する『普遍』理論の一部となるべく展開されるときを迎えた」(青木、前掲書、183頁)。

11 ティリッヒ著/柳生望訳『宗教哲学入門』(荒地出版社、一九七一年);Paul Tillich, *What is Religion?* (Harper & Row, 1969)を参照してください。

12 Paul Tillich, *Dynamics of Faith* (Harper & Row, 1957); Donald Mackenzie Brown, *Ultimate Concern: Tillich in Dialogue* (Harper & Row, 1965)を参照してください。

「日本教」の極点——母子の情愛と日本人

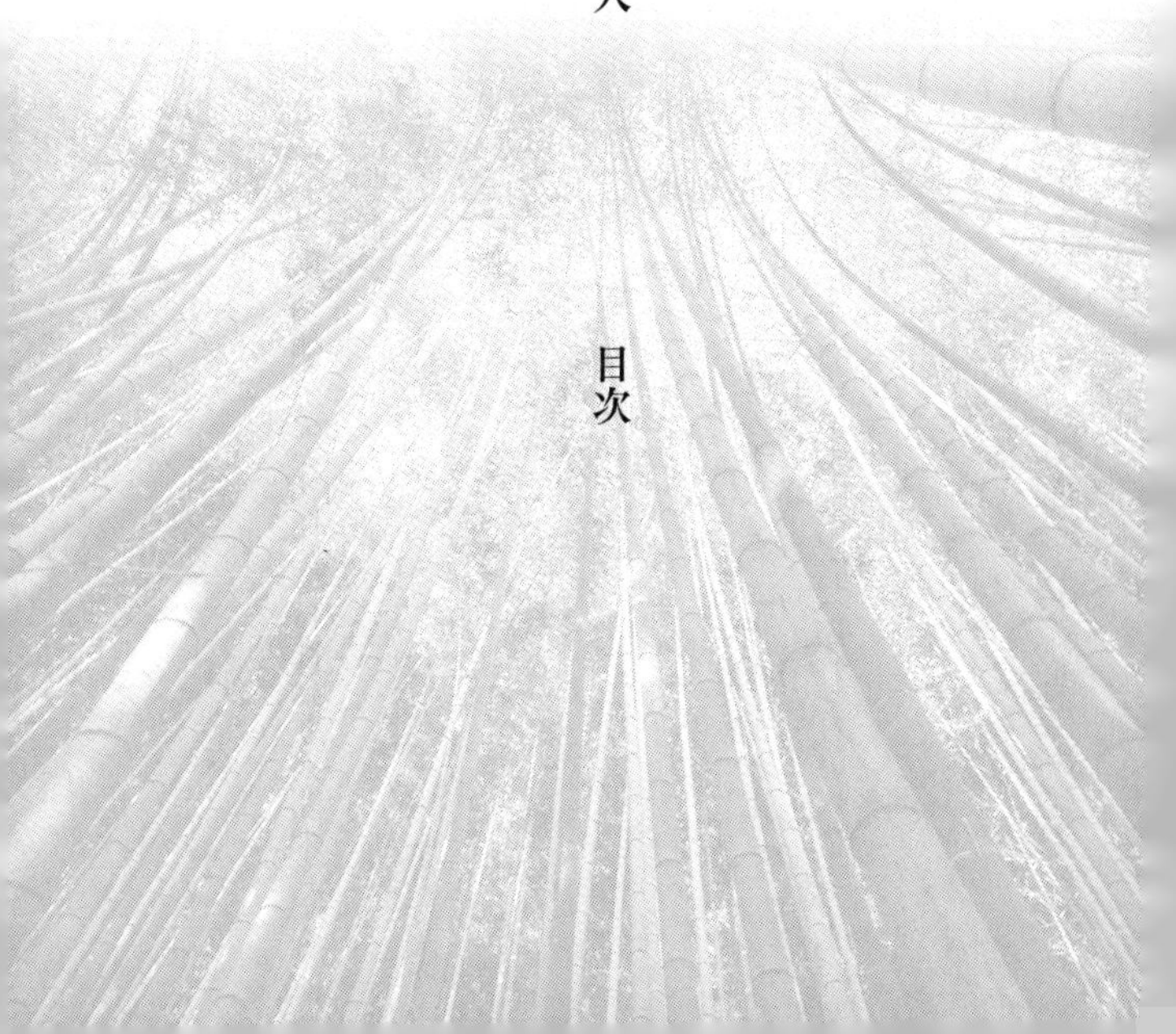

目次

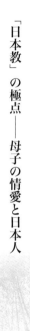

＊以上の各章題に続く〈名前〉はその章で参照し対論している主たる思想家の名前です。以下の各章題においてもそれらの名前を同様に記します。

I　日本教——日本人理解のための鍵概念

第一章　日本教——山本七平

「日本教」はイザヤ・ベンダサンこと山本七平さん（以下山本さん）のベストセラー『日本人とユダヤ人』（山本書店、一九七〇年）という本で知られるようになった概念です。しかし、山本さんの「日本教」は初めから周到に練り上げられた概念ではなく、それを山本さんが磨き上げていかれたというのが真相ではないかと思います。それが十分に練られていなかったこの初期の時点でも、日本人を論じるためにはきわめて独創的な発想であったのであり、日本人理解を深化させる大きな意義をもった概念だったと私は思います。

日本人理解を進展深化させた概念

そこで、まずは、評論家としての山本さんのこのデビュー作『日本人とユダヤ人』（以下、引用後の数字は同書頁数を表わす。本書では、原則として、初版から引用している。）に沿いながら、「日本教」の意味を追いかけていきたいと思います。

さて、『日本人とユダヤ人』という書物は、日本人が外国人による日本人評を奇妙に好むということに乗じて、無教会派のキリスト教徒であり、旧約聖書学にも明るく、その方面の出版業にも携わっていた著者山本さんが、ユダヤ人のふりをして著わした、ある意味で実にユニークな日本人論でした。

安全や水や自由が日本人には当たり前に手に入るために、それらの価値に対して日本人は鈍感なわけですが、それらの確保に苦労し続けてきたユダヤ人がこの鈍感さを手厳しく論評するという、その書き始めだけで、日本人読者はこの本の独特な面白さに触れ、それは瞬く間にベストセラーとなったのでした。

たしかに、この本には山本さんのユニークで興味の尽きない、日本人の日本人知らずを解消しようという、さまざまな着想がちりばめられています。しかし、私にとって、何と言っても面白く、またインパクトがあったのは、やはり「日本教」概念の提示でした。

「日本教」という語が前面に登場してくるのは第七章「日本教徒・ユダヤ教徒」からですが、第六章「全員一致の審決は無効」という、これも日本人読者をハッとさせた議論からそれはすでに論じられ始めています。人間は万人が罪人であるため神のように正義を貫徹できないので、ユダヤ人は「全員一致の議決は無効」としたのに対し、日本人は全員一致の議決こそ「最も正しく、最も拘束力がある」（79頁）と考えます。

法外の法としての人間味　ところが、何と全員一致の議決さえも日本人にはいわばタテマエにすぎず、「満場一致の議決も法外の法を無視することを得ずという断固たる不文律」が存在しています。つまり、日本では、法を唯一の基準とすべき裁判においても、「法と法外の法の両方が勘案されて……人間味あふるる名判決」がくだされた（82頁、傍点は私）などと評されるのです。

早い話が、「理外の理」（72頁）とも呼ばれるこの「法外の法」としての「人間味」が、名づけて「日本教」（84頁他）です。「日本人がいう『人間』『人間性』『人間味』『人間的』」なるものが法外の法の中味であって、それは「一種の宗教的規定」（83頁）なのです。

「宗教、まさに宗教なのだ。……日本人が無宗教などというのはうそで、日本人とは、日本教という宗教の信徒で、それは人間を基準とする宗教であるが故に、人間学はあるが神学はない一つの宗教なのである」（84頁、傍点は私）。

では、この「人間味」と言われるものの中味はどんなものでしょうか。言葉だけではピンときませんので、これを実感させてくれる山本さん特愛の歴史実話に触れましょう。

日本教の手本としての恩田木工　それは一七五六年頃に起こった信州松代藩の財政破綻状況を末席家老恩田木工《おんだもく》が救ったという話で、彼の『日暮硯《ひぐらしすずり》』に記録されています。どういうことかと言いますと、木工は藩主からこの財政改革の全権委任を得た上で、債権者でもある武士や百姓や商人や職人を集め、自らは虚言せず取り決めはかならず守ると（61頁）、一身この改革に取り組む誠実の姿勢を示し、対話を進めます。

そのやり方は、まず、強い調子で彼らにも「賄賂」の慣行など非難すべき点が多々あると糾弾しつつ、しかし一転、「かく言うは理屈なり」（64頁他）と述べて、今度は彼らに格段の思いやりを示し、その言い分に耳を傾け、譲歩し、信頼を取りつけます。そして、その上で、逼迫した財政状況を諄々と説き、理屈つまり法や正義ではけっして通らないはずの案を次々と飲ませ、彼らもまたそれに喜んで従い、改革は大成功した、という話です。

要するに、農民や商人に藩側の借金を棒引きにさせたが、それでも彼らはその条件を飲んだ、それは彼らが、「そうは言っても、それは理屈じゃ」と、木工が手のひらを返すように彼らに優しく示した「人間味」に魅了され、木工に深く信頼を寄せたからだ、という話です。山本さんは、この改革が成功したのは、これら日本人たちの間に、「人間相互の信頼」に基づいて『『人間とは、こうすれば、相手も必ずこうするものだ』という確固たる信仰」としての「人間教」とも言うべきものがあったからだ（73頁）と評されます。恩田木工は人間味あふるる「日本教」のいわば見本のような人物だったのです。

そして、日本人が問題を抱えるとき、その解決は必ずと言っていいほどこの日本教の基準に沿って行われる、「これが日本人の行き方なのだ」（72頁）と、山本さんは断言されます。

しかし、山本さんが言われる「日本教」の中味は、『日本人とユダヤ人』の段階では、ほぼ以上でおしまいです。日本教は「人間教」と言ってもいいくらい「人間性」「人間味」を大切にするものであり、人間が中心基準なので「人間学はあるが神学はない」、という説明だけです。山本さん自身が「言葉で知ることが非常にむずかしい」のが日本教だと言っておられます（104頁）。

たしかに言葉での説明はこの程度なのに、では、なぜ、「日本教」という概念は日本人読者に大きなインパクトを与えたのでしょうか。一つには、それが日本人の宗教的次元に触れたからだと思われます。これが『日本人とユダヤ人』が示した、従来の日本人論には見られなかった新機軸《イノヴェーション》です。「はじめに」で述べましたように、宗教的なことに立ち入ることはタブー視するのが、日本の文化と社会の常でした。

そこに「ユーダイオス」〔ユダヤ人即ユダヤ教徒〕（86頁）というユダヤ人の実態と論理を引っ下げた著者が、躊躇なく、「日本人も即日本教徒」と言い切り、日本人読者を「言われてみれば、そうかもね」と納得させたのです。

日本人の究極的関心としての日本教

ティリッヒは、宗教とか信仰というのは「当人が無条件に関心をもつもの」つまり絶対的に大切と信じ帰依しているものなのだ（命題B）、と説明しますので、この宗教概念は特定の既成宗教の枠を超えます。既存宗派の信者でなくとも金の亡者であれば金銭教徒、無神論者を公言して共産党員になっても、その信条を絶対視すれば、共産主義教徒なのです。このティリッヒのダイナミックな信仰解釈の背後には、あなたが心を傾けるものが何であれ、それがあなたの神だ、と説いた宗教改革者ルターの神学的伝統が垣間見えます。

そして、山本さんに言わせれば、日本人は「人間味」という価値観に絶大なる関心と信頼を寄せているのです。山本さんによれば、日本人はこの価値観に無条件に愛着を感じ、無意識にですがそれに従っているのです。日本人がこの「日本教」への「自覚は全くもっていない」のは、「その必要がない」ほどそれは彼らにとって自明の事柄だからです。

「日本教という宗教は厳として存在する。これは世界で最も強固な宗教である。というのは、その信徒自身すら自覚しえぬまでに完全に浸透しきっているからである。日本教徒を他宗教に改宗さすことが可能だなどと考える人間がいたら、まさに正気の沙汰ではない」（90頁）。

日本教徒キリスト派　この日本教徒である日本人をキリスト教という異宗教に改宗させようと波濤を越えて来日したのがカトリックやプロテスタントの外国人宣教師たちであったわけですが、日本教の観点からすれば、それは「正気とは思われぬことを実行し」（90頁）ようとした企画だったわけです。
ザヴィエル宣教師の鹿児島上陸以来、私も含め洗礼を受けキリスト教徒となった日本人は少なくありません。けれども、山本さんに言わせれば、それはキリスト教徒になったのではなく、ただ「日本教徒キリスト派」（89頁他）となっただけなのです。同じ伝でいけば、熱心な日本人仏教徒もせいぜい「日本教徒ブッダ派」にすぎません。「日本教徒マルクス派」、「日本教徒進歩的文化派」と変わりません（90頁）。日本人がその本質を根本から改めるなどということは不可能なことだからです。日本人は皆そもそも日本教徒なのです。
以上で、山本さんの「日本教」の主旨はほぼおわかりいただけたと思いますが、この概念の提示をめぐっては、日本人論の領域でつとに取り沙汰されてきた問題も絡んでいますので、ついでにそれにも触れておきたいと思います。

日本人論は学問の名に値しないか？

その問題とは日本人論の「学術性」をめぐるものです。山本さんは『日本人とユダヤ人』では、ユダヤ人著者ということで、ユダヤ人やユダヤ教について、旧新約聖書やそれらの原語であるヘブライ語やギリシア語にも触れながら、色々と論じられました。ところが、その一々を検証して、それらは語学的にも聖書学的にも支持できないものだと噛みついた書物が、翌年、登場しました。それが、ハーヴァード神学大学院《ディヴィニティ・スクール》で旧約学の博士号を取得された浅見定雄さんの『にせユダヤ人と日本人』（朝日新聞社、一九八三年、朝日文庫版、一九八六年：現在入手可能）でした。

浅見さんに言わせると、山本さんが「『日本教徒』の論拠としたギリシャ語が一つ残らずでたらめである以上、『日本教徒』などどこにも存在しない」（同書、89頁）、という一刀両断の結論が下されます。浅見さんの批判の細部は、私のような者が読んでも、それなりに「ご尤も」と首肯せざるをえない部分があります。

実はスタンフォード大学教授で文化人類学者であったベフ・ハルミさんも『イデオロギーとしての日本文化論』（思想の科学社、一九八七年初版、九七年増補新版）の中で、この浅見さんの見解を引きながら、山本さんの議論を非学問的な素人談義として批判されました。ベフさんは、日本人論全体を検討しながら、「大衆消費材としての日本文化論と学術研究としての日本文化論」（同書、64頁）とに区別し、とくに前者に対しては批判的でした。

そういうベフさんにかかると、山本さんの日本人論はひとたまりもなく、「学術的研究の方法論を深く勉強していない」（66頁）、「大衆の望む日本人像〔を〕……書きあらわす」（62頁）、無価値な「大衆消費財としての日本文化論」（64頁）の一つとされてしまいました。

しかし、私には、山本さんの少なくとも「日本教」の指摘は、浅見さんらの批判をもってしても、放置しておいてよい無価値な事柄とは思えません。山本さんのユダヤ教や聖書の知識が心許ないことと、「日本教」の洞察の価値とは、一緒くたにはできません。

浅見さん自身が引用しておられるB・J・シュラクターさんの『日本人とユダヤ人』の書評[1]はその点からして注目すべき評で、シュラクターさんは浅見さんと同じような批判も述べておられますが、他方、「日本教」の部分は単なる「レトリック」ではなく「明らかに独創的でよく練り上げられた思想」であり、「これまで不可解であった日本人の性格の多くの側面を理解しやすいものにしている」[2]と発言しておられます。

さらに、『日本人とユダヤ人』が「日本教」という「一つの主題を詳しく追求していたなら、日本に関心をもつ外国人読者にとって、もっと読み甲斐のある啓発的な」[3]書物となっていたであろう、とも述べておられます。シュラクターさんにとっても、山本さんの「日本教」の議論は新鮮で刺激的であり、ある種の説得力をもっていたということでしょう。

外国人が来日して奇妙に感じ始める日本人の生活習慣は、子どもの誕生や成長を神社で祝い、キリスト教式で結婚し、儒教の影響を色濃く受けた仏式での葬儀を営むといった、習合宗教的な冠婚葬祭でしょう。キリスト教徒やイスラム教徒である方々にとって冠婚葬祭は一生にわたり自身の宗教の儀礼に従ってなされるものでしょうから、この日本人の生活ぶりは宗教的には無節操と映るかもしれません。しかし、そうした習慣を守り続けていること自体が「日本教」に忠実な証拠であって、それが「日本人はみな同一の日本教徒である」（97頁）しるしだというのが、山本さんの論法なのです。

そして、こういう主張は日本人論においても従来なされたことがありませんでしたから、この新説によって、日本人というものをよく理解できなかった外国人はもとより、日本人自身が自己理解のために大きな鍵を授けられたように感じたのです。

以上が、「日本教」概念は、浅見さんやベフさんの批判にもかかわらず、その価値を失うことはない、という私自身による弁明です。ちなみに、ベフさんは、上述の『イデオロギーとしての日本文化論』（九七年増補新版）の時点では「日本教」概念など歯牙にもかけない雰囲気でしたが、二〇〇一年の *Hegemony of Homogeneity. An Anthropological Analysis of Nihonjinron* (Trans Pacific Press, 2001) では、その見方は変化し、全七章中、第六章全体を割いて「日本教」概念を本格的に取り上げておられます。これは「日本教」が学問的にも無視しえない重要概念であることを自己証明した証拠ではないでしょうか。

水臭くなく血の通った人間関係

さて、最後に、山本さんの「日本教」について、もう一点、付加しておきたい部分があります。山本さんは、日本人キリスト教徒による「キリスト教の日本的理解とか聖書の日本的把握」(113頁)や、彼らとユダヤ人たちとの付き合いの逸話を引き合いに出しながら、彼らが「キリスト教的表現で日本教を語」った内容(114頁)を分析されるのですが、そこで注目されるのが、「ユダヤ人の神様って水くさいのね。血が通ってないみたい」(113頁)という、ある日本人キリスト教徒婦人の言葉です。

ここに、日本人が、ユダヤ人とは異なり、聖書が示す神と人間の関係を「水臭い」ものとしてとらえる傾向が浮き彫りになっています。両者の違いは、けっきょく、「養子縁組」か「血縁」かのイメージの違いに起因しているのです(115〜116頁)。

すなわち、日本人にとって、神と人間の関係は、「水臭いものではなく」、「母の胸に抱かれた幼児」のような「肉親的なもの」であるべきなのです(115〜116頁)。そして、このことは、もちろん、日本人キリスト教徒たちにとっても、まったく同様なのです。

私がここでこの議論を取り上げたのは、「日本教」の決定的な要素として「血縁」ということがあるということを、読者に意識していただきたかったからです。山本さんはこの議論の最後に、「神と人との関係は、つまるところ人と人との関係を律する」(117頁)という一見不思議に響く言葉をしるしておられますが、これはティリッヒの**命題A**に対応する言葉です。つまり、宗教が教える神と人間の関係が、その宗教を信じる者たちどうしの人間関係の鏡となる、というわけです。ですから、もし日本教が血縁を宗教的な究極の価値として示すなら、日本人どうしの人間関係も血縁を至上の価値とすることになります。

そして、本書が論じようとしているのがまさにそのことなのであり、日本教の究極的価値観をめぐる議論なのです。

1　山本さん自身が「学術論文として扱われると、非常に問題があるのは当然なんです」（『朝日ジャーナル』、一九八四年六月二二日号、7頁）と述べておられます。

2　Barry J. Schlachter, "Controvercial Book Now in English," *The Japan Times* (August 30, 1972), p. 9. 浅見『にせユダヤ人と日本人』、154頁も参照してください。

3　Ibid. なお、シュラクター氏は当時『ジャパン・タイムズ』の記者の一人としてこの書評を記されました。今回、同紙の元論説委員長川畑泰氏のご尽力で、現在アメリカ在住のシュラクター氏より当該書評のコピーを頂くことができました。お二人に感謝します。

第二章　二人称関係——森　有正

第一章では山本七平さんの「日本教」概念にスポットライトを当てました。ポイントは、これは日本人を論じていく上できわめて効果的な新機軸の概念と考えられる、ということでした。ただ、それは大きな枠組み的な概念としては有効と思えても、それだけでは日本人の民族特性をしっかりと言い表わすにはいまだ不十分な内容という印象を拭い切れません。第一章の冒頭で申しましたように、私は山本さん自身がその後もその中味を探り続けていかれたのではないかと感じています。

では、その第二作目『日本教について』（文藝春秋社、一九七二年）という著作において、日本教概念の深化は見られたのでしょうか。この著作もベストセラーとなった前作の勢いをかってたしかによく読まれたのですが、日本人論というよりは具体的な時事評論集であり、こと「日本教」概念に関する限り、その本質探究はあまり進んだとは思えません。

ただ、この著作中、「『お前のお前』の責任」と題する文章（同上書、123〜141頁）は、その探究につながる重要な議論のように思われますので、まずそれを取り上げるところから、この第二章を始めていきます。

「お前のお前」の世界

山本七平さんがそこで取り上げているのは、かつての東京都知事美濃部《みのべ》亮吉《りょうきち》さん（1904〜1984）がある厄介な社会問題について都民との話し合いの場を設けてその解決を図った出来事でした。

山本さんは既述の前章で紹介しました恩田木工《おんだもく》の場合と似た形でこの都知事が問題解決のために採用した「対話方式」、すなわち役人と住民が互いに日本人独自の「お前のお前」の世界つまり「二人称」の世界を作り出すことによって、いかに見事に問題を解決したかを示されるのです。

その対話方式とは、まず問題解決の責任者（東京都知事）が、問題に巻き込まれた人々（東京都民）のことだけを真心から考えている「純粋人間」であることを示し、その上でそれらの人々を「無視しない」「話し合い」の場をきちんと設け、さらにその解決策を「条理をつくして諄々《じゅんじゅん》と説」いていく（22頁）、というやり方です。そして、この対話方式が実行されると、正義の法に適するとは思えなかったその解決策が、摩訶不思議にも受け入れられ、事態は一件落着した、という話です。

この話を伝える山本さんの文章で私の興味を引いたのは、今、触れましたが、「お前のお前」という、一瞬首をひねらざるをえないような表現であり、また、日本人にはそのように表現できる独特な「二人称」の人間関係がある、と述べられたことでした。

山本さんは、日本人の人間関係を表わす「日本語には『二人称』しかない」（132頁）と言われます。さらに、日本では、この二人称関係の典型が、天皇はただ一心に国民のためを思い、国民はただ一心に天皇のためを思うという、「お前のお前」の関係としての「天皇制」に現われていると言われます。

初め私は山本さんが言われるこの「二人称だけの世界」（126頁）というのは、山本さんのオリジナルな発想かと思っておりましたが、しばらくして、これは森 有正《ありまさ》（1911~1976）さんに啓発されたものに違いないと思うようになりました。

と言いますのは、こうした発想は『日本人とユダヤ人』（一九七〇年五月初版）にはまったく出てきておりません。ところが、森さんのほうは同一の思想を「二項結合方式」ないし「二人称関係」と名づけ、山本さんよりもさらに根本的かつ体系的な仕方で、すでに雑誌『思想』の一九七一年一〇月号に「出発点　日本人とその経験（b）」と題する論文において発表しておられたからです（この論文は森さんの一九七七年の『経験と思想』[1] という著作に含まれました。なお、以下の引用は、『森有正全集』第一二巻に所収の『思想』論文からです)。[2]

「二人称関係」の思想

初代文部大臣森 有礼(1847~1889)の孫、牧師森 明(1888~1925)の息子で、哲学者の森有正さんは、東京大学助教授を辞した後、長くパリ大学で教えておられました。そして、この数年前から毎年帰国し、国際基督教大学で講義され、すでに類似の発言をしておられたのですが、それが『思想』の論文に結実しました。

私は山本さんがこの森さんの論文に影響を受けられたのだと理解しています。もちろん、森さんも毎年帰国し始めて、母国のベストセラーである山本さんの『日本人とユダヤ人』をお読みにならなかったということはなかったでしょう。日本という国は法律がいちばん苦手、法律に訴えれば、あの人は「水くさい」とくる、だからなんでも話し合いで決めましょう、そのほうが日本では人間的に美しいといわれる、といったその発言は、山本さんの『日本人とユダヤ人』の内容を想起させます。[3]

しかし、森さんは、そういう現象面もさることながら、「根本的には二人称が入ってくる考え方がある」(全集第一二巻、66頁)として、日本人における「二人称関係」の人間観を提示されたのです。森さんによれば、これは日本人の歴史を貫き続けている根本問題であり、千数百年間存続している「天皇制」はその象徴である、と言われます(66頁)。

そこで、以下では、森さんの「二人称関係」を山本さんの「お前のお前の世界」の由来と見て、その要点を述べてみたいと思います。

日本人における二人称関係　森さんによれば、「二項結合方式」(combinaison binaire または rapport binaire)(66頁)、「あるいは更に一般的には『二人称関係』」(99頁)は、

「二人の人間が内密な関係を経験において構成し、その関係そのものが二人の人間の一人一人を基礎づけるという結合の仕方である」(66頁)

と定義されます。

それには二つの特徴があり、

一は、その関係の「親密性・相互嵌入《かんにゅう》性」であり、

二は、その関係の「垂直性」です。

二人称関係の親密性　第一の親密で相互嵌入的な関係ということを敷衍《ふえん》しましょう。日本語に「腹を割って話をする」という表現がありますが、それは二人の人間が差し向かいになり、互いに秘密のない関係を構成する事態です。哲学者・倫理学者和辻哲郎《わつじてつろう》さん(1889~1960)の表現を借りれば、これは「間柄的存在」の相互嵌入であり、この二人の直接無媒介的関係は外部に対しては私的存在だということになります。

例えて言えば、二人は、一つの不動産を共有しているというのではなくて、互いに相手そのものを共有し融合している、つまり、すべてを許し合い、要求し合う、という関係なのです。あるいは、問題解決のための協力関係ということではなくて、この二項関係そのものが自己目的である関係なのです。

そして、この日本人の在り方がもたらす社会倫理的な帰結は、各人が相互に問題別にこの関係を複雑かつ多角的に結び合うゆえに、ほんらい「反自然的で道徳的で三人称的である社会」を社会として組織できないという点、換言すれば、「責任の所在を不明確なものにする」（70頁）という点です。

二人称関係の垂直性　第二の垂直的な関係というのは、この二項関係が親と子、上役と下の者、先生と生徒、先輩と後輩といった「上下関係」の中で結ばれるということであり、しかもそれが日本の既成秩序の中にすでに堅固にかつ緻密に規定されているということです。

その上下関係を規定する頂点が天皇です。封建制度下の武士たちもこの天皇という秩序の頂点によって認定され、その権力を代理するという形で日本を支配することができたのです。戦後の新憲法による天皇の「日本国民統合の象徴」という性格づけは、憲法起草者の意図はどうあれ、この日本的事態の本質を衝くものなのです（76頁）。

日本語における敬語法

森さんはパリ大学でフランス人や他のヨーロッパ人たちに二〇年にわたって日本語を教授されたのですが、その経験が以上の洞察へのきっかけとなったと語られます。

森さんによれば、日本語には、「日本語の機能を帰納的に整理した」文法の教科書はあっても、英語やフランス語におけるように、「そこから日本文を再構成」しうるような「実用的規範文法」は存在しないと言われます（78頁）。その主要な原因はきわめて複雑な「敬語法」と「貶語法《へんご》」（75頁）であり、一人称・三人称を根本的には不可能にする「二人称関係」の世界です。日本語における敬語法の実践のために規則を引き出すことはほとんど不可能です。言葉に長けた日本人の口真似をする以外には手のつけようがないほど、その語法は複雑だからです。

そして、そこには先に説明しました二項結合関係の現実が浸透しています。日本人が日本語で一人称や三人称の文を構成したり言ったりしたとしても、その文を締め括る助詞が「あくまで話し相手〔あるいは読み手〕を意識の中に置き」、「自分が相手にとっての相手であること、つまり二人称にとっての二人称〔お前のお前〕であるという建前から使用される」ために（87頁）、けっきょく、それも二人称的言語となってしまうのです。日本人にとって現実はたえず「我と汝」ではなく、「汝と汝」の関係の世界なのです。

このような言語構造からして、日本人が「二項関係の外に立」ち、「真に一人称として」、すなわち「他にとっては、三人称」として、発言することは、「不可能ではないとしても極度に困難」なのです（87頁）。こうして、独立した個人が「経験」を定義する「命題」を構成することも不可能に近く（89～90頁）、それゆえに、かつて丸山真男《まさお》さん（1914～1996）が指摘されたように、日本には「思想の連続的発展」や「深化の過程」というものも認められないのです（91頁）。

以上述べてきましたことからも、山本さんが言われる「お前のお前の世界」の由来は森さんの「二人称関係」であろうということは、読者にも容易に想像していただけることと思います。「お前のお前」という表現は「二人称関係」の巧みな言い換えですし、この関係の頂点に日本の天皇と国民の関係を置くのも似ています。しかも、さきほど申しましたように、森さんのこの思想の発表は山本さんに先んじていたのです。

しかし、もちろん、そのこと以上に私が指摘したいのは、この二人称関係の世界が日本人に今なお確認できる生きた現実だということです。山本さんによれば、「現在なお日本では、二人称の関係に入ることが、法や政策より優先して」います（『日本教について』、136頁）。森さんによれば、「日本人がもつ〔二人称関係における親密な〕直接性への憧憬には実に深いものがある」のです（森、前掲書、77頁）。

日本人における親子関係

先に、森さんが、この二人称的人間関係が邪魔をして日本人は三人称的に成立する社会を社会として構成できない旨を述べておられることに触れました。そのことと関連して、日本人の親子関係をとくにヨーロッパで観察したそれと比較して語られる森さんの話はきわめて興味深いものです。

森さんは、二人称関係のもつ反社会性つまり責任の所在の不明確性（70頁）を指摘したあと、次のように言われます。すなわち、日本では、親子の間だけで秘めておかれるべき、子の「我侭《わがまま》」や「甘え」に対する親の寛容が、他人の面前すなわち社会的場面にもち出され、それが顰蹙《ひんしゅく》を買うどころか、その他人がそれに感動し、賞賛すべきこととしてもてはやす、というようなことがまかり通っている、と。日本人の間で、子どもの「可愛らし」さに「もうたまらな」く「感覚的に魅了されてしまって」、子どもの反社会的マナーに目をつぶる愚かな「親子が横行する社会は、まことに見苦し」く、「言語を絶するほどに非道《ひど》い」のです。

これに対して、躾《しつけ》の本質は、服装や言葉遣いを正しく整えるといった外面的なことはその「枝葉末節」で、ヨーロッパでそうであるように、むしろ、そういう親子の「内密の感情を他人の前に持ち出さないことであり」、それを「親子の直接関係の中でのみ」処理し、そのことを子どもに納得させることなのです（71～72頁）。

森さんは以上の議論の中で日本人の親の子に対する過剰な寛容の具体例はあげておられません

が、たとえば電車の中で空いた席にまず子どもを座らせる日本人の親の行動は、日本に居住しておられる外国人の方々はつとに気づかれていることだと思います。

ベネディクトさん（1887~1948）も『菊と刀』で、日本では子どもはまず甘やかされて育ち、成人するにつれて厳しく取り扱われる、これは西洋とは逆である、と指摘しておられるとおりです。

遺影に向かって語りかける弔辞者

ところで、日本人の二人称的人間関係を表わす、現在でも継続している特徴的な文化現象の一つと私が感じているものに、葬儀で弔問客が弔辞を述べる場合の形式があります。それは、弔辞者が参列者に向かって弔辞を述べるのではなく、遺体や遺影に相対して、あたかも生前の故人とそこで相対しているかのように、二人称話法で語りかける作法です。日本人にとってはまったく自然に行なわれる形です。

あるとき、現役のプロ野球選手が自分を監督として指導してくれた故人の遺影に向かって感謝の涙を流しつつ、「対話」する様子を、テレビで放映しておりましたが、こうした光景は日本では茶飯事です。二人称世界において継続して止まない独特の慣習と思われます。

この件については外国人留学生、とくに東北アジア人である中国人や韓国人の留学生の方々に確かめることが多いのですが、台湾からの留学生で一人だけ、台湾でも日本人流の弔辞を見たような記憶がある、と言っておりました。私自身は、これはやはり日本人に特有の現象ではないかと思っています。

意志による変革が可能な事柄　森さんが言われる日本人の「二人称関係」の普遍性ということで、もう一点、どうしても触れておきたいことがあります。それは、この問題は日本人の意志のもちようによって変革可能な歴史的文化的形成物ではないか、ということです。その意味で、この問題に関する森さんの次の指摘はきわめて重要なものと思われます。

「この問題は自然必然の問題ではなく、あくまで人間の問題であるということ、それは客観的と言うよりも意志の問題である」（92頁）。

文化は長い伝統や慣習を含むものですが、しかし根本的には人間が生み出し作り出してきた人為的なものです。従って、それは人間の意志によって変えることができるものでもあります。日本人は自らのこうした民族特性を知り、そこに然るべき適切な変更を加えていくべきではないでしょうか。

親子関係は日本人の二人称関係の例証にすぎないか？　さて、以上にご紹介した森さんの議論について、最後に、私自身の日本人論との関連で述べておかねばならないことは、森さんの日本人における二人称関係の世界において親子の関係は一つの例証として取り扱われているにすぎない、ということです。

すなわち、森さんは日本人における二人称関係を説明するのにまず「親子の間を例に取って述べる」と言われ、しかも「その例は全体を代表するものとしては……適当でなかったかもしれない」(65頁。傍点は私)とまで言われています。

実は、この点では、山本さんも、日本教における重要要素としての親子関係ということで、「血縁関係、たとえば親子といった関係は、まことに是非なき関係である」(『日本人とユダヤ人』115～116頁。傍点は私)と言われております。

つまり、以上の引用を踏まえれば、お二人にとって、「親子関係」は「血縁関係」の一例証にすぎません。

しかし、私自身は、親子関係は血縁関係の例証ではなく、むしろその原型であり根源ではないかと考えるのです。これは本書では重大な主題であり、おいおい詳述していくつもりです。

以上、山本さんの「日本教」と深く関わる思想として、森さんの日本人の「二人称関係」をめぐる思想を紹介しました。これはきわめて要点を衝いた日本人論ではないでしょうか。日本教の中味としては、この「二人称関係」の思想はきわめて的を射た洞察なのではないか、と感じさせられております。

二人称世界が醸し出す「社会的無責任性」という森さんの指摘もまたきわめて重要であり、著者としても取り上げて論じるべき問題であると感じておりますが、これについては改めて他日を期したいと思っております。

そこで、以下、第三章からは、以上に述べてまいりました問題設定に沿って、私自身の日本人論を論じ始めていきたいと思っております。もちろん、そうは言いましても、私自身のオリジナルな部分は限られております。独創的で刺激的な日本人論を展開した尊敬すべき先達に学びつつ、それらの説を参照しつつ、論を進めてまいります。

1　森有正『経験と思想』（岩波書店、一九七七年）。
2　森有正『森有正全集』全一四巻・補巻一（筑摩書房、一九七八〜八二年）。『いかに生きるか』（講談社、一九七六年）、72頁。

第三章　なぜ日本人は臓器移植に消極的か？——立花　隆 他

この章は、先の二つの章とは雰囲気の変わった論述になります。取り扱うのは、本章の主題に掲げたとおりの問題です。まず、臓器移植一般への日本人の驚くべき消極性を統計的な数字で示し、次に、それはなぜか、そこにどんな理由が考えられるのか、を追求していきます。

ティリッヒの命題Ａ「宗教は文化の内実、文化は宗教の形態」を下敷きにすると、臓器移植への否定的と言ってもよい日本人の態度は日本の文化に現われた顕著な現象と見ることができます。そして、それはなぜ？　と問うその先に、日本人に固有の宗教の次元を見据え、その中に立ち入っていきたいと考えているのです。そして、この場合に「宗教」として見えてくるのが、仏教などの既成宗教ではなく、山本さんが日本人はその教えと実践に無意識にも律義に帰依していると言われる「日本教」であるわけです。

以下の論述は私個人の体験に大きく依拠しています。まず、その経緯からお話ししてまいります。

一九九七年一〇月にわが国で初の「臓器移植法」が施行され、私自身がキリスト教大学で「キリスト教社会倫理学」の講義を担当していたこともあり、この問題についてメディアに意見を求められたことがきっかけとなって、日本人論への私の取り組みが始まりました。そして、この問題について熟考する中、日本人というものについて何としても一言せざるをえない、ある発見とも思えるものが与えられ、それはまた山本さんの「日本教」につながるものではないかと思わせてくれたのです。[1]

臓器移植とそれに関わる脳死の問題をめぐる当時のわが国の世相は非常に否定的、批判的なものでした。一九六八年のいわゆる「和田心臓移植事件[2]」の記憶も冷めやらぬ中、上述の「移植法」施行の前後もきわめて多くの知識人が医学的、宗教的、文化的な見地から脳死と臓器移植の双方に強力な反対論を繰り広げておりました。

そして、日本人全体が臓器移植にきわめて消極的だということは、一九九九年二月に初の臓器提供が行なわれて以来、現在に至るまでの提供者数がいぜんとしてわずかな数に留まっているという、世界でも稀有な現象に象徴されています。

臓器移植阻止法？

この消極性の原因の一つに、とりあえずはまず、以下の三点に要約されるわが国の最初の臓器移植法が上げられると思います。

①移植の決定には、本人の書面での生前意思表示に加え、家族の承諾も必要。

②意志表示カードを所持するドナーの場合にのみ、脳死を人の死として認める。

③一五歳未満の若年者の移植は認めない。

こうした厳しい条件下で現実にドナーが出現するのは困難なことでした。この法が移植を推進するよりは阻止する「臓器移植阻止法」ではないかと揶揄された所以です。欧米では臓器提供を拒否した登録者以外は皆ドナーとなるという国も多いのですが。

そこで、二〇〇九年に、わが国での移植の増加を目指し、上記三点を以下のように劇的に変更する改正法案が国会を通過し、翌年から施行されました。

①本人の意思表示がなくとも、家族が同意すれば、臓器移植を可能とする。

②脳死は、ドナーに限らず、すべての人にとって死である。

③一五歳未満の者にも移植を可能とする。

これはわが国としては画期的な変更でした。臓器移植を願う子どもとその家族が莫大な費用を準備し、主にアメリカに渡り、アメリカ人ドナーから移植を受けざるを得なかった事情に配慮したのが、③の部分です。しかし、この改正法にもかかわらず、臓器移植は現在も思ったほど推進されてはいません。

きわめて低いわが国の臓器移植件数

そこで、わが国の臓器移植をめぐる消極的状況を数字で示すとしますと、まず、旧移植法の下では、最初のドナーが出た一九九九年から改正法が提示された二〇〇九年六月までの一〇年間のドナーの総数は八六人、年平均は八、六人を数えるのみでした。二〇一〇年の改正法施行後、ドナー数は増加し始めました。試行から二〇一二年一一月までのわずか二年間で一一一人の方々がドナーとなられました。この期間に限れば、年平均では五〇人近くです。ただし、そのうち家族承諾による移植件数が九一件でした。つまり、ご本人の意思のみで行われた件数は従来とさほど変わらなかったということです。

最近三年間の臓器提供件数と移植件数は、二〇一六年にそれぞれ九六件と三三八件、一七年には一一二件と三八〇件、一八年には九七件と三五八件と報告されています（「日本臓器移植ネットワーク」による）。たしかに、改正前の原移植法の時期と比較すれば、ここ数年の提供件数は家族承諾のみによるものが後押しして以前よりは大きく増大しています。しかし、それでも、わが国の臓器移植の実績はいぜんとしてきわめて低い数値を示していると言わざるをえません。「世界最低レベル」と言われます。[3]

わかりやすい比較のために、世界で最も積極的に臓器移植が実践されている国の一つ、アメリカを例に取りますと——生体臓器提供者《リヴィング・ドナー》は除き、脳死臓器提供者《ディシースト・ドナー》に限りますが——一九九〇年のドナー数は約四五〇〇人、九九年では約五八〇〇人、二〇〇〇年代に入ると年に八〇〇〇人を超えるようになりました。

二〇一六年は九九七一人でした。一七年には初めて一万人を超えました。そして、一八年には一〇七二一人となりました（UNOS「全米臓器分かち合い《シェアリング》ネットワーク」による）。ドナー一人から複数の移植が可能ですから、一六年には移植手術数も年間四万件を優に超えています。

一年間のドナー数で言いますと、わが国ではあの法改正後ようやく一〇〇人前後ですが、アメリカは一万人強です。両国の総人口は三倍近い差があるにせよ、何という差でしょうか。ちなみに、二〇一二年の百万人当たりのドナー数は、スペインでは三四・八人、アメリカは二六・一人、お隣りの韓国は八・四人、そしてわが国では〇・九人です。

こうした数字上の比較からも、日本人が臓器移植に対しては異常とも言ってよいほどの消極的態度を示しており、この否定的傾向は現在も続いていると言わざるをえません（なお、ルーマニアとパキスタンは法的に脳死を認めていませんので、臓器移植も公的にはなされていません）。

なぜ日本人は臓器移植に消極的か？

そこで、次の問題は、なぜ、とりわけ日本人がこの臓器移植に対し消極的なのか、ということになります。原移植法が移植を阻止した原因であるかのように言いましたが、それは形式的表面的な要因です。そうした外的要素も含めて、臓器移植への否定的態度をもたらしている真の理由が日本人の内奥に存在しているのではないか、だからまずそれを突き止めるべきだ、というのが私の考えです。

換言しますと、日本人の文化の深層に臓器移植をためらわせる何か宗教的な次元が厳存している、だからこれを明らかにしてみよう——これが本章での私の作業仮設です。

そこで、以下、私がこの問題をめぐって考えてきたことについて報告いたします。私自身は、「脳死」を法的にも人の死として認め、臓器移植にキリスト教の「隣人愛」「相互愛」の観点から賛成する立場なのですが、[4] まずはわが国における脳死臓器移植反対論者の方々の意見に傾聴してみました。

それらの方々は、自分の専門だという宗教教理や文化的伝統や医学や科学の知見をもち出しては、脳死臓器移植への反対を表明されます。初めは私もそうした論拠づけを真剣に理解しようと努めたのですが、途中からどうも変だ、これらの方々においてはすべて「初めに臓器移植反対ありき」なのではないか、しかもその出所を自覚しておられないのではないか、と感じ始めたのです。

以下は、それら反対論の中でも論旨がクリアーな方々からの引用です。慧眼な読者はそれらに共通する特徴にすぐに気づかれると思います。そして、私自身はそれこそが実は臓器移植に対する日本人の反対の真の理由ではないかと思っているわけです。

すこし長くなりますが、臓器移植への反対意見の四つの例をご紹介します。

代表的な四つの例

最初にご紹介するのは、ご自身仏教徒である宗教評論家ひろさちやさんのご意見です。ひろさんは、命も体も仏からの預かり物と考える仏教徒は臓器移植など断念し、自然に死ぬべきだと説きながらも、仏教徒にも「わたしたちが死んだあと…遺った身体が他人様に役立つものであるなら、使っていただいていいではないか」という問いがありうるとして、これに次のように回答されるのです。

「この場合、あげるほうには問題がない。問題は貰うほうだ。わたしは、貰う側も……自分の生命・身体はほとけの生命・身体だと考えて…明らめてほしいと思っている。……そんな見方ができるようになると……他人の生命・臓器まで貰って自分の生命を延ばしたいという考えが、自然になくなると思う」[5]。

次は、私と同じくキリスト教徒として臓器移植賛成の立場を取っておられる宗教哲学者間瀬啓允さんから教えていただいた話です。間瀬さんは一九九九年四月に慶応大学教授として「天理やまと文化会議」主催のパネル・ディスカッション「生命倫理――臓器移植・その現状と教理からの解釈」にコメンテイターとして参加されたのですが、間瀬さんによれば、会場では次のような声が上がったとのことでした。

「臓器を与える者（ドナー）になっても、受ける者（レシピエント）にはなるな」[6]。

たしかに、これは、その後、天理やまと文化会議編『脳死・臓器移植を考える』という書物に、天理大学付属おやさと研究所所長の井上昭雄さんの発言として記録されています。しかし、この発言は間瀬さんには「ドナーという……強い者の立場で考えている……何か尊大な響き」に聞こえました[7]。

三番目にご紹介するのは、東洋大学教授で真言宗僧侶でもあった故金岡秀友さんの言葉です。金岡さんも仏教徒として脳死臓器移植には反対論を述べられました。そして、その結論は、ある種強烈に、次のように締め括られます。

「私はどんなことがあっても、人様に臓器をくれろというつもりはございません。自分の臓器が動かなくなったときは、それこそ自分の死ぬときだと考えています。……お釈迦様のようにあんなに偉い方でもご病気になったときに、血にまみれ、糞にまみれて……亡くなったわけです。私は人様に臓器をくれなどという生き方は大反対です」[8]。

最後に取り上げるのは、わが国で最も有名なジャーナリストの一人、立花隆さんの臓器移植をめぐる発言です。立花さんは、脳死は人の死だが、厚生省の脳死判定基準は科学的厳密性を欠くゆえにさらに慎重な検査基準を加えるべきだと主張されました。そして、この主張は間接的にわが国の多くの脳死臓器移植反対者を力づけることになったのですが、その立花さんが文学者故遠藤周作さんにインタヴューする中で、「先生でしたらどうされますか、心臓をもらえば助かるというときに」と質問し、遠藤さんは自分は高齢だから受ける気はないと答え、逆に同じ問いを立花さんに向けられました。

以下がその際の立花さんの答えです。

「僕もどっちかというともらわないほうだと思うんです[9]」。

以上、臓器移植に否定的ないし消極的な四人の方々の発言をご紹介しました。

ちなみに、賛成派の間瀬さんの立場をもうすこし紹介しますと、それは、臓器移植も「共生型の成熟社会」の自覚の中で理解され実践されるべきであり、臓器を「『与える』ことで尊大になったり、『受ける』ことで卑屈になったりするのは、実におかしい」というものです[10]。

私の立場も間瀬さんと基本的には同じで、ドナーとレシピエントの立場はいつでも交替しうるものなので、臓器提供は「相互愛」の精神で行なわれるべきというものです。それが「犠牲愛」の行為でないのは、臓器は逝去者から遺贈されるものだからです。臓器提供のために犠牲死を遂げるというようなことはあってはならないことだと考えます。

いずれにしても、そうした立場から、私は以上の方々の発言も初めはいささか訝しく聞こえるなという程度にしか受け止めず、その時点ではそれらに共通する響きには明確に気づいてはいなかったのです。

あげるのはいいが、もらってはいけない　しかし、こうして四つを列挙してみますと、読者の方々にもその共通性はただちに判然としてくるのではないかと思います。すなわち、この四人の日本人の方々にとっては、臓器は「あげるのはいいが、もらってはいけない」ものなのだ、ということです。ひろさんの「あげるほうには問題がない。問題は貰うほうだ」といい、井上さんの「ドナーになっても、レシピエントにはなるな」といい、金岡さんの「人様に臓器をくれなどという生き方は大反対です」といい、立花さんの「僕もどっちかというともらわないほうだ」といい、言葉遣いは異なりますが、主旨としてはけっきょく「あげるのはいいが、もらってはいけない」ということでしょう。

わずか四つのサンプルで日本人の臓器移植反対の根本理由とするのは行き過ぎとの批判もあるでしょうが、私が以上の四例をしるしたのが一九九九年のことで、その後も類似した意見表明があることに気づいてきました。その中のまた顕著な発言の一つをご紹介します。コラムニストの中野翠さんはかなり率直に次のように言われます。

「とても言いにくいことだけれど、この際はっきり言うね。……臓器が移植されるという可能性が開かれてくると、それによって救われる人〔レシピエント〕たちの心の中に生への希望とともに、当然自然の人情としてあさましい感情が生まれてくるんじゃないかと思うの。臓器をもらう人……は、ドナーの脳死……を望んだり……する感情をおさえがたくなるだろうし……。人間が他人の臓器をあてにしあう世の中って、どうなの？　それは助け合いの精神にみちた美しい世の中なの？　それとも生への妄執に取り憑かれた醜い世の中なの？[11]」。

ここで「あさましい」という形容詞が「臓器をもらう人」に結びつけられるところが、私には悲しく、中野さんの言葉でお返しすれば、「厭な気分」にさせられる点です。

いずれにしても、この発言にも、臓器をめぐって「あげるのはいいが、もらうのはいけない」という、日本人に特有らしい考え方が顔を出していると思われてなりません。

こうした考え方やそこから出てくる以上のような発言が、レシピエントの方々のみならず、実はドナーとして意思表示しておられる方々の善意をも、どれほど損なうものであるのか、嘆かざるをえません。

宗教外の日本文化のファクター！　さて、私の日本人の臓器移植反対をめぐる考察は、今すこし続きます。

浄土宗僧侶で大正大学教授であった宗教学者故藤井正雄さんは、この問題についてきわめて重要な指摘をされたと思います。藤井さんは、一方では、親鸞や道元には自然と人間との融和思想や「身心一如」観念があり、そこから仏教には脳死臓器移植を拒否する可能性も出てくるが、なお他方で、「五蘊化和合」すなわち仮の存在体としての密教的身体観や、仏法のためわが身を捨てるという大乗的布施行に依拠して、これを推進する可能性もあると、論じられました[12]。

藤井さん自身のお立場は、「今まで祖師たちの説いてきたところは全部臓器移植に対してGOなのであって、何の反対するところもない」という積極的なものでした。そして、そこから、次のような重要な判断を下されました。すなわち、日本人の脳死臓器移植への否定的姿勢は、

「宗教の問題というよりも文化の問題としてとらえなければならない」、「何がそれ〔臓器移植〕を阻害しているのかというと……実は宗教外の、言うなれば文化のファクター……です[13]」。

と、断言されたのです。

私も、以上の引用文中の「宗教」が個別の宗教教団を指しているとすれば、この指摘はまさに当を得たものとして大賛成です。そして、先の五つの例はともに、まさに日本に独特な「文化のファクター」として現われているもの、つまりは「日本教」に端を発する文化現象だと思うのです。藤井さんは山本さんの「日本教」を意識してはおられなかったでしょうが、思想の構造としては図ら

ずも日本教的なものを考えておられたことがわかります。その点に私は感心しております。
いずれにせよ、日本人の臓器移植への反対は、反対論者が掲げるその専門分野からの知見を根拠とするものではなく、日本人として共有している日本教の価値観からだということを、藤井さんも奇しくも示唆されたのだと感じております。

あげる、と言われれば、いただきます　そのことをさらに金岡さんの議論を参考に確認してみたいと思います。

金岡さんは、先に触れた講演で、臓器移植に関連して、仏教の「供養」つまり仏や人への奉仕の観念に基づいて、次のように説いておられます。すなわち、供養は「施者と受者と供物」の「三輪」で成り立つが、仏法に従えば、「施者、受者、供物は三輪清浄、このうちどこか一つにウェートを置くと三輪不浄」となるので、供養においては、供物する「施者のおごり――増上慢」も、供物を「受けるというので、卑屈になる……受者の卑下」も、戒められなければならないと。[14]

しかし、もし臓器移植が仏教の供養観でこのように理解されるものならば、臓器の提供と受容は、「あげてもいいが、もらってはいけない」という考え方から離れて、もっと自由な雰囲気で行なわれてよいはずです。

しかし、金岡さんは仏教学者としては以上のように説きながら、最後には自身、「『くれろ』とお願いするつもりは毛頭ございません」と、「受者の卑下」の裏返しのような言葉を放たれるわけです。ここからしても、金岡さんの臓器移植への否定的発言は、仏法からは区別されたもの、つまり日本人に特有なものなのではないか、と考えてもよいのではないでしょうか。

さらに、もう一つ興味深いのは、金岡さんの次の言葉です。これも、私から見ると、日本人に固有な物の言い方です。すなわち、

「〔臓器を〕下さるという方があって、しかもその方がなおかつ、自発的に『お前生きろ』とおっしゃれば、わかりません」[15]。

これによく似た立花さんの、あの遠藤さんへの答えに続く言葉がありますので、ご紹介します。

「ただ…本当に心臓提供者が目の前に現われたら、はたしてその通り〔もらわないで〕いけるかどうか、もう一つ自信がないですね」[16]。

金岡さんの「わかりません」とか、立花さんの「自信がないですね」といった言い方に、日本人らしさが滲み出ており、もっとはっきり「では、ありがたく、いただきます」と言えばよいのにと私などは思うのですが。しかし、そんな無作法な言い方は間違ってもしない、というのが、日本人の文化なのです。

ここで、とりあえずは、以上のお二人の発言によって「脳死」という医学的事実はすでに了解承

認済みのことなのだと承知しておきましょう。そうでなければ、臓器を「下さるという方があって」とか、「心臓提供者が目の前に現われたら」といった言い方自体が成り立ちません（ちなみに、立花さんはその後ご自身でドナーカードをもたれたと、ある移植コーディネーターの方からお聞きしました）。

「恩」をめぐる日本人の複雑な心情構造

日本人にとってこの場合の真の問題は、そんな医学的事実云々ではなく――いや、それももちろん重要なのですが――もし自分が臓器受容というとてつもない大きな恩義を被るとなれば、その際の心の負担を可能な限り軽減される方法を誰かに講じてもらいたいということ、それだけなのではないか、いや、それだけでないとしても、それが最大の問題なのではないか、と私は思っております。

中国哲学の専門家加地伸行さんは、『礼記』の「身は父母の遺体なり」、『孝経』の「身体髪膚、之を父母に受く。あえて毀傷せざるは孝の始めなり」という儒教的遺体観を教えられてきた日本人に臓器提供者は出ないが、儒教的社会秩序観の要諦としての「お上」の公的主導ということをもち出せば可能となるかもしれない、と論じておられます[17]。

日本人の臓器移植への躊躇には儒教の影響があるのかどうか、少なくとも私にはそれが決定的な理由とは思えません。ただ、「お上」の肝煎りという加地さんの提案に関しては、日本人には有効かもしれないとも思わされます。もちろん、そうした儒教的方策が効果を発揮するとしても、それは今述べました日本文化の脈絡の中で、つまり臓器受容の報恩の義務感の軽減という観点においてである、と考えます。

以上、脳死臓器移植に対する世界的にも稀有と思われる日本人の否定的態度をご紹介し、合わせてその根本理由と思われることに関する私自身の推論をご披露してきました。これを一言で言えば、「恩」をめぐる日本人の複雑な心情構造の問題、と表現することができるかと思います。そして、そのことが山本さんの「日本教」の概念に深く関わっているということを、以下に論じていきたいと思っているわけです。

しかし、ここでもう一つ、同じく臓器移植に関する——これも実に日本的と言える——現象を取り上げておきます。それは日本における世界的にも顕著な「生体肝移植」の現像です。

日本で唯一普及した生体肝移植

先に申しましたように、日本における一般的な臓器移植の件数は「世界最低レベル」の状況が続いているのですが、これに比して、わが国の「生体肝移植」の実績は、二〇〇三年末までの記録ですが、何と計二六六七件です（日本肝移植研究会「肝移植症例登録報告」による）[18]。その最初の移植は一九八九年に島根医大で行なわれ、その後は京大医学部病院を中心に行われるようになり、二〇〇六年の時点では四〇〇〇例近く、世界最高の累積件数でした。

そのため、生体肝移植は「日本で唯一普及したと言ってもよい移植」と言われました。[19] もちろん、臓器移植が盛んなアメリカではその後生体肝移植も増加し、年間件数は一九九九年に日本のそれを抜きました。[20] しかし、やはり、これは元来、日本で質量ともに独自の発展を遂げた医療なのです。京大病院の生体肝移植手術の知見や技術を習得しようと諸外国から外科医の方々が訪れたと聞きます。

生体肝移植とは生体ドナーの肝臓の一部を適切に切除しレシピエントに移植する手術で、成功の場合は両者に良い結果が得られます。つまり、ドナーとレシピエント双方の肝臓ともヴォリュームおよび機能において元の状態に近く回復するわけです。[21]

しかし、生体肝移植にはつねにドナーの生命を脅かす危険性も潜んでいるゆえに、本来は避けるべき医療であるとされてきました。実際、アメリカはマイアミ大学で移植外科医として活躍しておられた加藤友朗さんは、世界で生体肝ドナーとなって亡くなった方は「少なくても五例以上、一〇近くはおられる」と報告しておられます。[22] わが国でも、二〇〇二年に娘さんへのドナーとなったお母さんが亡くなられておられますし、二〇〇五年にはご主人へのドナーとなった奥さんが両足の麻痺になりました。その後も、類似の報告があります。

しかし、こうしたリスクを抱えた医療が、臓器移植一般は極端に少ないわが国で、なぜかくも積極的に行なわれるのでしょうか。実はその解明はあまりなされてきませんでした。その背景には「特殊日本的な事情」があるという程度のことは言われたのですが、それ以上に突っ込んだ追究はなされていません。日本では臓器移植が困難だから、残った選択肢として生体肝移植が行なわれるのだとか、これはドナーが不利益をこうむらない唯一の移植手術だからだとか言われますが、そうした言い方では、なぜこれがとりわけ日本で多くなされてきたのか、という問いへの説得力のある答えにはなっていません。[23]

これも日本人論への扉　もし、そこに明快な解答が示されれば、それも日本人論への有意味な扉の一つとなりうるのではないでしょうか。というのは、これも「特殊日本的」な一つの現実であるのは間違いないからです。

この場合、私自身が想定しているのは、この生体肝移植への日本人の積極性もまた「『恩』をめぐる日本人の複雑な心情構造」が引き起こした事態ではないか、ということです。要するに、この同じ日本的な「恩」の観念が、一方では一般の臓器移植への日本人のきわめて否定的な態度の原因となっているとともに、他方で同時に、それとは一見矛盾して見える生体肝移植への肯定的な態度の根本原因なのではないか、ということです。表面的には対照的な二つの現象が、実は同じ根から出ているものなのではないか、ということです。

そもそも恩を施したり受けたりすることにどうも日本人は人一倍敏感なようです。しかも、この施恩・受恩の考え方と在り方が、「赤の他人との関係」と、「親子や家族という血縁の関係」とにおいては、ガラリと変わってしまうようなのです。つまり、とくに受恩という局面で、前者の関係ではきわめて否定的な抑制がかかり、反対に後者の関係ではためらいなく受け入れられるのであり、それが奇しくも脳死臓器移植と生体肝移植という医療において、きわめてわかりやすく両極化して顔を出しているようだ、ということです。

血縁者間に多い生体肝移植

このことに関連して、日本における生体肝移植のレシピエントとドナーの関係を示すデータ（二〇〇三年末までの記録）をご紹介します。それによれば、一八歳以下のレシピエント（一三〇二人）へのドナーは両親が九六パーセントです。一八歳以上のレシピエント（一三六六人）へのドナーは、子どもが三四、兄弟姉妹が二二、配偶者が二一、両親が一六パーセントで、計九三パーセントです。配偶者を除いて純粋な血縁に限れば七二パーセントです[24]。つまり、日本の生体肝移植は大多数が血縁関係の中で、とくに親子間で、成り立っている医療だということです。国会議員の河野一郎さんへの息子太郎さんからの生体肝提供は有名です。

確実なデータがありませんから断言はできませんが、おそらく現在、この移植はアメリカを含め諸外国でも、医学的技術的な理由からも、社会学的な理由からも、家族間で最も多く行なわれているのではないかと想像できます。しかし、私がここで強調したいのは、日本がこの動きに一早く先鞭をつけることができたのは、血縁者つまり「身内」が「互いに助け合う」のは当然のことであるという「倫理規範」化した強い観念が、とりわけ日本人の間に保持されていたからではないか、ということなのです。

この関連で触れておきたいのは、上述の改正移植法では、ドナー本人の意思表示がなくとも家族の同意があれば移植を可能とした点に加え、さらに「親子と配偶者」への臓器提供を優先するという運用指針が打ち出された点です。ここにも「血縁」に対する日本人の重視の傾向が見て取れます。

血縁の情愛の倫理規範化　そのことを如実に示す一つの例をご紹介します。批評家小浜逸郎さんは、「死んだ後の自分の身体のことなどどうでもよい」ので臓器提供の「拒否の意思もない」が、「提供」の意思表示も「ふだんから心しておく必要などないという立場」の、臓器移植に対してはいわば不作為の消極的反対派の方です。

しかし、その方が「一つだけ例外がある」として、「自分の子どもが臓器を必要としていて、それに自分の臓器が適合するならば、無条件に提供する」と言われます。

「これは死後ではなく生きている場合でも同じで、提供によって私が命を落とすようなことになったとしても、子どもの命がそれで助かるなら躊躇しない」。

これに続けて、「とはいえ、生来臆病であるから、なるべく苦痛のないようにお願いしたい」とも言われていますので、この部分はご愛嬌なのか、それとも生体心移植までは考えておられないのか、はっきりしませんが、それでも子を思う親の心はひしひしと伝わってきます。引用文だけを文字通りに受け取れば、論理的には生体心移植をも含めた覚悟の言葉にも聞こえます。[25]

かつて臓器移植が開始された初期の時代に、これには反対派のアメリカの神学的倫理学者ポール・ラムジーが、子どもに生体心移植を実行しようとする父親の喩え話を創作し、臓器移植のとんでもなさを訴えたことがありました。[26]

しかし、日本人のとくに親から子への移植の場合にはそれはとんでもないことではないのです。小浜さんはこれを「家族エゴイズム」と呼び、それは「格別美しい崇高な気持ちでもなんでもない」と言われます。[27] つまり、日本人の自分には当たり前のことだというわけでしょう。私自身はこの小浜さんの主張に日本人における「血縁の情愛の倫理規範化」を見るような気がしています。

クリスチャン詩人だった八木重吉は肺結核のため二九歳で亡くなる数年前に生れた子どもたち、桃子と陽二に向かい、次のような詩を残しています。

桃子よ
おまえがぐずってしかたないとき

わたしはおまえにげんこつをくれる
だが　桃子
お父さんのいのちが要るときがあったら　いつでもおまえにあげる。

なんという　いたずらっ児だ　陽二
おまえは　豚のようなやつだ
ときどき　うっちゃりたくなる
でも陽二よ　お父さんはおまえのためにいつでも命をなげだすよ。[28]

重吉の時代、もちろん、誰も臓器移植のことなど知りませんでした。しかし、彼がそれを知り、その必要が生じたならば、小浜さんと同じように叫んだかもしれません。

そして、思わされるのは、こうした親の子への情愛は――キリスト教徒であるないにかかわらず――日本人にとりわけ強く根づいたものであるのかもしれない、ということです。

理想と現実の間にある真実

小浜さんや八木重吉の言葉は、言ってみれば、臓器移植という問題を介して露わとなる、日本的な血縁的情愛の理想化された例と言えそうです。しかし、他方で、この問題については現実的な側面が血縁間においても存在するということを指摘しておきたいと思います。

かつてNHKが京大病院での生体肝移植の実情を特集した番組を放送しました。それは四人の姉妹間で一人のレシピエントのために他の三人から一人のドナーが決まっていくプロセスを伝えていました。移植は成功しましたので、結果としてこれは姉妹間の美談として受け止められるのかもしれません。しかし、この番組は現実はけっして単純ではないということを率直に映し出しておりました。血縁者間でもさまざまな思いが複雑に交錯するのです。もともと血縁ではあっても、各人が独立して自分の家族を形成している場合、事は簡単には進みません。あの規範化された血縁的情愛の背後にもそうした現実が出てくることを承知しておくことが必要だと思われます。

以上、日本人における脳死臓器移植と生体肝移植の問題をめぐっていろいろと述べてきましたが、ここまで申しあげた上で、次章においては、この問題が山本七平さんの言われる「日本教」とどのように関わるのか、そのことを述べていきたいと思います。

1　この問題についてしるしたのが——まだ未熟な段階でしたが——拙論「脳死・臓器移植を考える——キリスト教の一肯定的立場から」Ⅰ～Ⅱ、『書斎の窓』四八八～九号（有斐閣、一九九九年一〇～一一月）でした。

2　一九六八年八月、札幌医科大学の心臓外科医和田寿郎教授がある青年にわが国で初の心臓移植を行ないましたが、一〇月、術後八三日目で、青年は死去しました。この移植手術の必然性等々をめぐる医学的説明の不十分さに加え、臓器移植に関する一般的知見の未浸透性もあって、批判が高まり、刑事告発（結果は不起訴）までされる事件となりました。なお、一九六七年に世界初の心臓移植手術を行なった南アフリカのC・バーナード博士と和田教授は留学先のミネソタ州立大学で知己を得た間柄でした。

3　「命のリレー進まず」、『産経新聞』、二〇一九年二月二四日。

4　上記注1の拙論を参照していただければ幸いです。

5　ひろさちや『ひろさちやの仏教的人生論』（徳間書店、一九九一年）、171〜172頁。

6　間瀬啓允『生命倫理とエコロジー』（玉川大学出版部、一九九九年）、220頁。

7　天理やまと文化会議編『脳死・臓器移植を考える――天理教者の諸見解』（天理教同友社、一九九九年一〇月）、井上さんの言葉は143頁、間瀬さんのは147頁。

8　金岡秀友「供養される心――臓器を受ける側の倫理と論理」、藤井正雄他『いのちの選択――死生観と臓器移植』（同朋舎出版、一九八八年）、105〜106頁。

9　立花隆対話篇『生、死、神秘体験』（書籍情報社、一九九四年）、255〜256頁。

10　間瀬、前掲書、221頁。

11　中野翠「あの厭な気分にはこだわりたい」、近藤誠他『私は臓器を提供しない』（洋泉社、二〇〇〇年）、一九二頁。「あさましい」の傍点は私。

12 藤井正雄「人為と自然――宗教と臓器移植」、星野一正編著『生命倫理と医療』（丸善株式会社、一九九四年）、五六頁。
13 藤井正雄「仏教と日本人と死生観――臓器移植とのかかわり方」、藤井他『いのちの選択』、36～37頁。傍点は私。
14 金岡、前掲論文、75～77頁。
15 同上、100頁。傍点は私。
16 立花、前掲書、256頁。傍点は私。
17 加地伸行『儒教とは何か』（中央公論社、一九九〇年）、187頁。加地伸行『沈黙の宗教――儒教』（筑摩書房、一九九四年）、222～223頁。
18 日本移植学会『移植』三九巻六号（二〇〇四年一二月）、635頁。
19 「第一〇回トリオ・ジャパン・セミナー」記録、二〇〇二年一一月、14頁。
20 同上記録、19頁。
21 後藤正治『生体肝移植――京大チームの挑戦』（岩波書店、二〇〇二年）、4～5頁。
22 前掲記録、45頁。
23 後藤、前掲書、232頁。
24 『移植』三九巻六号、637頁。
25 小浜逸郎「子どものためというエゴイズムこそ大切にしたい」、近藤他『私は臓器を提供しない』、119頁。

26 Paul Ramsey, *The Patient as Person: Exploration in Medical Ethics* (Yale University Press, 1970[1], 2000[2]), pp. 188-90.

27 小浜、前掲論文。

28 『底本 八木重吉詩集』(弥生書房、一九九三年)、260頁。

第四章　日本的「恩」論――山本七平

この章では、第三章に掲げた、なぜ日本人は臓器移植にこれほど消極的なのか、という問いに対する答えを、述べていきたいと思います。しかも、それを、山本さんの『日本教徒――その開祖と現代知識人』（角川書店、一九七六年、角川 one テーマ21新書、二〇〇八年）という書物の議論を紹介しながら、行ないます（以下、本文中の頁数はすべてこの『日本教徒』から）。

山本さんは『日本人とユダヤ人』（一九七〇年）がベストセラーとなり、その直後から評論家活動に邁進されました。その最初の結実が第二章で触れました『日本教について』（一九七二年）でしたが、その後も例えば「『空気』の研究」といった文章を一九七五年からある雑誌に連載しておられます。これは後に『「空気」の研究』（文藝春秋社、一九七七年）という単行本となり、大変よく読まれました。その他にも、この時期、日本陸軍に関する体験記的著作を数冊刊行しておられます。

しかし、私がここで取り上げます著作は『日本教徒』です。これは『「空気」の研究』に隠れて、あまり話題にはなりませんでした。しかし、これを取り上げる理由は、この著作が日本人の臓器移植への極度の消極性に対する説得的な回答を示唆してくれるのみならず、日本教の本質に迫るものを提示してくれるように思われるからです。

山本さんが日本人の物事の判断の仕方を「空気」という表現で性格づけられた説明は実に説得力があり、これこそ日本人の特徴を言い当てたものだといった意見もありますが、私自身は、「空気」の説は日本人にはいわゆる「ある、ある」で誰にもよくわかる分、日本教から出てくる文化現象としては臓器移植への否定的態度よりはまだ表層的なものではないか、と思うのです。その意味で、私自身は『「空気」の研究』よりは『日本教徒』のほうにより強く引きつけられております。もちろん、『「空気」の研究』の価値がそれで低められるわけではなく、それはとくに先に触れました日本人の「無責任性」と深く関わる洞察だと思っております。

そこで、本章では『日本教徒』に焦点を当てます。繰り返しますが、これは「日本教」の本質に迫った価値ある作品です。おそらく、『日本人とユダヤ人』以来、本書刊行に至るまでの数年間、山本さんは「日本教」の本質探求のための適切な対象の探査確定のために意を用いておられたのではないかと推察します。そして、ついに、その対象を発見されました。

不干斎ハビヤン作『キリシタン版 平家物語』の発見

山本さんが見出されたのは、戦国時代のキリシタン、不干斎ハビヤン（Fabian、巴鼻庵とも）作『キリシタン版平家物語』（一五九二年）と、その後の二作、『妙貞問答《みょうていもんどう》』（一六〇五年）、『破提宇子《ハダイウス》』（一六二〇年）でした。

山本さんの苦心は、先にも申しましたように、「日本教」は言葉で説明することがむずかしいが、それをいかに客観的に明示できるか、という点にあったと思われます。そうした中で、その「日本教」を言葉化した稀有の作品と思われる『ハビヤン版 平家物語』を見出され、この資料に集中されました。そこで、以下では、これをめぐる山本説を私なりに跡づけてみたいと思います。

ハビヤンは、一五四九年のイエズス会宣教師ザヴィエルの来日から一六年後、一五六五年に、京都近く（一説には北国）に生まれ、八歳で禅宗の寺に預けられていましたが、一五八四年、一九歳でキリシタンに改宗し、一五九〇年には巡察使ヴァリニアーノのもとで修道士として働き始め、用いられておりました。[1] 豊臣秀吉が全国統一を果たした年です。

「学問広博」と言われたほどの秀才で、「天草コレジヨ」の日本語教師となり、一五九二年、彼が二七歳のとき、外国人宣教師たちに「日本語と〝日本学〟」（3、17頁）を習得させるための書物『キリシタン版 平家物語』（『天草版 平家物語』とも）をしるしました。その原書の「扉紙」には、この書の目的は「日本のことばとイストリアを習ひ知らん」ため、また「言葉稽古」と「世の得のため」、としるされています。

その後、ハビヤンは京都に戻り、一六〇五年に伝道文書『妙貞問答』を著わし、翌一六〇六年には、徳川家康の侍講であった儒学者林羅山《らざん》（1583~1657）やその弟信澄と宗教論争をしたことが、羅山の書『排耶蘇』にしるされています。

しかし、一六〇八年、ハビヤンは突然、棄教します。それは一六二〇年に著わした反キリシタン文書『破提宇子』からわかります。山本さんによれば、彼の棄教の原因は、迫害への恐怖や、教会での神父への昇進の見込みのなさへの不満などではなく、純粋に思想的なもの、すなわち、日本教的確信によるものでした。

彼の最期については明らかではありませんが、教会の記録に、一六二一年、長崎で瀕死の病床にあった、としるされていますから、ほどなくして長崎で没したものと思われます。五〇数年の生涯であったわけです。


日本思想史における『ハビヤン版 平家物語』の独自性

さて、ハビヤンの三作の特質について、もう少し知る必要があるでしょう。

山本さんによれば、日本人は自己の伝統的な考え方を外来思想に仮託して知識化しました。その際、内なる自らの基準に照らして受容不可能な部分は破棄し（換言すれば、「閉口」し）、しかもその基準は明示せず、ただ破棄した部分だけを言葉にしてきました。従って、外来思想に反論はできるが、自己の思想を積極的に論理化し体系化して提示することはできず、それゆえに外国人と真の論争をすることも不可能であったのです（45～46頁）。これは、日本政治思想史家丸山真男さん（1914～1996）の「日本における思想的座標軸の欠如」[2]という指摘を想起させる見解です。

山本さんによれば、ハビヤンの『妙貞問答』と『破提宇子』の両方ともそうした限界に留まっています。すなわち、前者は仏教、儒教、神道を相互に対決させつつ、究極にはキリシタンの立場から全部を批判するもので、後者も同じ論法で今度はキリシタンを弾劾するわけです。要するに、これら二著作は「破文」の形式だけで終わってしまっております。

しかし、『ハビヤン版平家物語』は、外国人宣教師に日本語と日本文化を学習させる目的のもと、巧まずして自己の思想を積極的に明示した、日本人の著作としては「非常に珍しい例」（46頁）です。ハビヤンは自分なりの『平家物語』の編集をとおして自己の「一つの確固たる基準」（29頁）すなわち「日本人なるもののあり方の自己主張」（7頁）を無意識に打ち出しているからです。実はそれは『妙貞問答』と『破提宇子』にも隠れた仕方では保たれています。これを山本さんは「日本教」の核心部分と見ておられるのです。

そこで、以下においては、山本さんの議論を跡づけ、要約していきたいと思います（引用文等はすべて現代語拙訳にしております）。

『ハビヤン版 平家物語』の日本教的テーマ

『平家物語』とは、ご承知のように、「平氏」が「源氏」に倒される経過を描いた日本で最も有名な軍記物語で、全一二巻一九〇章から成っています。この騒乱が起こったのは一二世紀末で、物語は一三世紀前半には出来上がっていたようです。琵琶法師と呼ばれる遊行僧たちが全国をめぐってこれを語り継いだお陰で、日本人に広く知れ渡りました。そして、その主題は、これもよくご存じのように、「諸行無常」、「盛者必衰」という表現で示される仏教的な無常観、「諦念」の思想であると伝えられてきました。

さて、山本さんによれば、ハビヤンは初め『平家物語』を「機械的にローマ字に翻字するだけのつもり」だったのですが、けっきょくは彼独自の主題の視点から編集された「全四巻六三章」の『平家物語』を作り出しました。そして、その主題は上述の仏教的なものとは趣を異にするものであり、それは、山本さんによれば、このハビヤン版の冒頭の、

「おごりをきわめ、人をも人と思わぬようなものはやがて滅びた」

という言葉に示されています。

これは、『妙貞問答』には、人の世の「転変や優劣はすべて自然天然の事態であり誰の所業でもないと悟ったようなことを言う仏教は甚だしい迷妄である」という形で出ており、『破提宇子』で

は、「人には謙遜を勧めつつ、自らは高慢あるがゆえに、日本人を人とも思わない」キリシタン宣教師への非難として出てきています（47～49頁）。

人をも人と思わず滅びた成親卿

では、「人をも人と思わない者は滅びる」という思想の要点は、一体どういうことなのでしょうか。

ハビヤンは、『平家物語』の原典に倣い、「おごりをきわめた」太政大臣平清盛についてハビヤン版第一巻第一～二章で語るのですが、その直後つまり第一巻第三章で、原典では第二巻第六章に出てくる「鹿谷《ししがたに》の変」（1177）の首謀者の一人「大納言成親《なりちか》卿」を「人をも人と思わない」典型例として、自分流のシナリオで、取り上げます。つまり、とりわけこの藤原成親の清盛への謀反の所業に焦点を当てることにより、自身の思想的確信すなわち「日本教」の核心部分を明示しようとするのです。

成親はかつて平家に乱を起こした公家でしたが、清盛の長男重盛の義兄であったがゆえに（重盛は成親の妹と結婚）死罪は免れました。しかし、今回なおも後白河法皇の教唆のもと、西光《さいこう》法師らと結託し、鹿谷の俊寛《しゅんかん》僧都の山荘で平家への謀反を計り、密告されて捕えられ、西光とともに清盛に尋問されることになったのです。そして、ハビヤンはこの成親を「世をも世と思わぬ」者と評するのですが、それを理解する鍵は、捕えられた成親への清盛の次の言葉です。すなわち、

「恩を知る者を人と言い、恩を知らぬ者をば畜生と言う」。

この詰問の場面で、清盛から恩を受けていない西光のほうは、自分を「過分の振る舞いをする」奴と、ののしる清盛に向かい、「太政大臣に成りあがったお前こそ〔法皇から〕過分〔の恩を受けた者〕であろう」と堂々と言い返し、最後は斬首となります。また、俊寛は鬼界島へ流されます。ハビヤンは西光と清盛のやりとりついては、日本人として何らの違和感も抱いておりませんので、何らの注釈も加えていません。

しかし、これまで重盛と清盛から過分の恩を受けてきた、つまりかつて彼らに謀反を起こしながらも命を救ってもらっていた「成親卿に限っては平家を疎かに扱わないことこそ本来取るべき態度であったのに、そのことを忘れてしまった」と、ハビヤンは強く非難します。

そこから、私たちは、ハビヤンの「人をも人と思わぬ、世をも世と思わぬ者は滅びる」という思想の核心が、この世は「過分の受領」としての「恩」の「貸借関係で成り立っており、この貸借を無視」しては、人は存在しえず、またすべきではない、という「恩」論であることを、知るのです(52頁)。

成親は初め清盛に対し謀反は根も葉もないこととしらばくれるのですが、西光の白状書きを突きつけられ、窮地に陥ります。しかし、何と今度もまた重盛に命乞いします。それは何ともずうずう

しい次のような言葉です。すなわち、

「自分はかつて謀反を企てたにもかかわらず命を救われるという報じがたい恩を受け、しかも忘恩してしまったが、ここで、もう一度恩を施していただきたい。それにより出家して生き延び、二重の恩を報じなければ報じ切れないから」

と言うのです。ここで山本さんにとって面白いのは、ハビヤンがこの成親の身勝手な言い草もあの恩論に則ったものであるゆえに「支離滅裂の暴論とは見ていない」（53頁）ということです。私など、ずうずうしいにも程がある、と思ってしまうのですが、しかし、たしかに、二重の恩を施してもらえば、倍返しにいたします、というわけですから、勘定だけは合っています。実際、成親は何とここでも重盛の清盛への執り成しによって助命され、備前に流罪になっただけでした。

「恩の合理的貸借関係」としての日本的恩論

さて、清盛は後白河法皇を九州へと流罪にしようという勢いになるのですが、これを思い止まらせたのも、「大教訓」として有名な重盛の報恩論でした。曰く、世に天地の恩、国王の恩、父母の恩、衆生《しゅじょう》の恩があるが、このうち最も重いのは朝恩。平家こそすべてにおいて法皇に恩があり、自分としては君に忠義を貫ぬこうとすれば父に忘恩となり、父に孝行を貫こうとすれば君に逆臣となる。進退ここにきわまる。しかし、やはり朝恩こそ重んじられるべき。ゆえに、院を攻められるなら、その前にわが首をはねられよ、と。（54～55頁）。

このように長男に恩論を展開されると、さすがの清盛も反論できず、院への報復はなされず、すべては一件落着したのでした。

以上のように『ハビヤン版 平家物語』の開始部分を分析し、山本さんは、ハビヤンがキリシタン神父たちに提示しかつ求めたもの、すなわち「日本教」の重要な部分は、

「恩を基準とした一つの合理的な貸借関係」（55頁）

だと結論されるのです。施恩には報恩が必要です。日本人が俗に言う「恩返し」です。清盛自身が西光に言い放ったように、「恩知らず」になってはいけないのです。

しかし、実はこれだけではまだ「日本的恩論」の肝腎な特徴は描き出されていません。そして、それは、山本さんによれば、これも『平家物語』では有名な「妓王」の段によって示されています。

妓王《ぎおう》物語

『平家物語』原典ではこの「妓王」の段は第一巻第六章に置かれ、清盛の傍若無人《ぼうじゃくぶじん》の奇行の逸話《エピソード》として挿入されたものとして見られてきたのですが、ハビヤン版はこれを第二巻の冒頭にあらためて強調する形で置いています。

山本さんは、ハビヤンがそうしたのは、この段を「鹿谷の変」の段につなげ、「『人をも人と思わぬ罪』とは、身分や社会的地位、性別、経済的従属関係に関係なき問題だということを示すため」（63頁）であった、と見ておられます。つまり、清盛のような最高権力者であったとしても、日本

人ならば誰もがそうした罪を犯さないように心しなければならない、ということなのです。まず、とりあえずは、「妓王物語」の粗筋をご紹介しましょう。

清盛は「妓王」という踊り子を寵愛するようになり、その母と妹ともども彼女を屋敷に召し抱えます。ところが、三年が経ち、「仏《ほとけ》」という踊り子が、清盛の召しもなく彼の屋敷を訪れ、自分の舞いを見てほしいと願い出ます。清盛はこれを無礼として帰そうとするのですが、妓王の執り成しで、仏は舞う機会を与えられ、清盛の歓心を買い、何と召し抱えられることになります。そのため、かえって妓王たちのほうが屋敷を去らせられてしまいます。仏は思わぬ展開に困り果て、沈み込んでしまいます。そこで、翌春、清盛から妓王に、仏が淋しくしているから参上し舞って仏を慰めよ、来ないなら考えがあると、強引な命令が伝えられるのです。

妓王は行くつもりもありませんでしたが、母「刀自《とじ》」から清盛からの恩には感謝すべき、都追放ともなれば年老いた母の身には耐えられない、親孝行として行っておくれと諭されると、彼女も折れて、妹「妓女《ぎにょ》」とともに、清盛の屋敷に向かったのでした。以前よりも下の座敷に通され、今後も仏のために舞え、という清盛の無神経な言い草に、涙をこらえて舞いましたが、帰宅後あまりの悔しさに姉妹ともども自殺も厭わぬ覚悟です。刀自は、二人の様子を見て、自分もともに身を投げてもよいが、まだ寿命のこない母を死なせては罪になろう、あの世で地獄に落ちるよりこの世の仮の宿で屈辱に耐えるほうがたやすいと諭し、三人はともに出家し、嵯峨の山里で念仏三昧の生活に入ったのでした。

そこに剃髪し尼となった仏が訪れ、不本意とはいえ清盛のもとに居続けた科《とが》の赦しを妓王に請い、妓王も今までの恨みも消えたと仏を赦し、四人はともに暮らし、極楽往生を遂げました。

こういう物語ですが、一読したところで、この物語の終わり方から、これは仏教的な説話ではないか、と想像したくなります。

「人間相互債務論」としての日本的恩論

しかし、山本さんは、この段の導入部分に置かれている、「さてまことに清盛は誰にも彼にも難儀をかけた人じゃの？　またその妓王がことを聞きたい。お語りあれ」という、原典にはもちろん、ハビヤン版の他の章にも見られないこの長い序詞は、ハビヤンがその日本的恩論の解釈図式のなかで意図して置いたものと見られます。つまり、仏教の使信《メッセージ》とは異なる、日本人にとって最優先の関心事についてのハビヤンの解説が、この妓王物語を介して展開され、キリシタン宣教師たちに伝えられている、と解されるのです。

そして、山本さん自身は、ハビヤンによるこの物語の解釈の要点は、日本的恩論とは「人間相互債権論」ではなくて「人間相互債務論」である（62頁）、というところにあると言われます。

「すなわち、人は『恩を受けた』と債務を感じなければならないが、『恩を施した』と権利を主張することは許されない」（62頁）。

これはどういうことでしょうか。それを理解するために、以下において、妓王物語の各場面をめぐる山本さんの解説（63～80頁）を、追ってまいります。

債権論的恩論は邪道！　端的に申しますと、妓王に対する清盛の態度が非難されるべき所以は、他者に施恩しかつその報恩を期待することを自己の権利（＝債権）と見なす、その傲慢さにあります。施恩だけに留まるならばまだしも、それへの返礼を施恩者の権利として主張するとき、これは日本人としては邪道ということになります。

これに対し、妓王の母刀自は、まず、清盛から受けたひどい仕打ちにもかかわらず、以前に清盛から受けた恩をけっして否定せず、妓王にはその謝恩を促します。しかも、彼のもとへの妓王の参上も、母としての権利として要求することなく、あくまでも妓王の自発的意志によってなされるべき義務（＝債務）として示したのでした。

妓王が清盛の仕打ちを屈辱と感じたのは、謝恩の義務を行使する自己の権利を一方的に清盛に奪われたからでした。つまり、清盛が仏を召し抱えたとき、もし妓王に退去の命など出さずに黙過し、彼女が自主的に去るだけの余裕を与えていたら、妓王は屈辱など感じることなく自ら立ち去っていたはずなのです（75頁）。

彼女が母の示唆に従順であったのは、刀自が自分の娘ではあっても、今どきの表現を用いれば、「人間としての尊厳」を妓王に認めていたからです。ハビヤンは『妙貞問答』ではこれを「アニマ・ラショナル」(73頁)と表現しています。刀自が娘たちの自殺を思い止まらせることができたのも、彼女たちに親孝行を命令したのではなく示唆したからでした。

そして、妓王が仏を赦したのも、仏が清盛のもとにいた間もずっと妓王に謝恩の義務を感じていたことがわかったからでした。

こうして、山本さんによれば、妓王物語におけるこれらすべての場面は、次のことを示しています。すなわち、日本的「恩」観念が内包する神聖にして絶対的な原理とは、施恩も受恩もその遂行者の権利としてではなくあくまで義務として認めれられるべきものだ、ということなのです。そして、これが、「最初の日本教徒」(15頁)ハビヤンがはっきりと言葉にして打ち出した「日本教の倫理的基準」(66頁)なのです。

そこで、以上をまとめますと、日本人の間で「人をも人と思わず、世をも世と思わぬ」不届者とは、

(1)この世は「恩」の貸借関係で成立しており、人はこれを無視して生きてはならない、

ということのみならず、

⑵「恩」は施すにも受けるにも、自らの権利ではなく、あくまでも義務である、ということを、弁えぬ輩のことである、ということです。

そして、そのような輩は「人をも人と思わず、世をも世と思わぬ」罪を重ねることで生じる「怨」そのものによって、最後は平家のように滅びていくのです（79、83頁）。これが山本さんが理解される『ハビヤン版平家物語』の主題です。

仏教とは異なる日本教　先に、『ハビヤン版平家物語』は、仏教的解釈を施された本来の『平家物語』とは異なる、日本人独自の考え方を巧《たく》まずして打ち出したものである、と述べましたが、そのことであらためて一言しておきます。

以上では「妓王」と山本さんに従って表記してきましたが、彼女の名前には『平家物語』の伝統の中では幾種類かの表記法があり、仏教思想史家渡辺貞麿《わたなべさだまろ》さん（1934~1992）はそのうち「祇王」が本来であり、それにより「『祇』（すなわち日本の神々）が『仏』とめぐり会うことによって救済される」という仏教的思想が明白となる、という見解を示されます。渡辺さんによれば、踊り子を表わす「白拍子」とは「（神道の神々は仏陀の化身であるとする「本地垂迹説」的な）仏神の本縁をうたふ」者たち（『徒然草』二二五段参照）のことであったのです。[3]

ちなみに、仏が妓王に赦しを乞うたときの妓王の言葉は、作家水上《みずかみ》勉《つとむ》さん（1919~2004）の現代語訳でも、「あなたを恨めしゅう思えて」ならなかった私の「これまでの罪は露ちりほどものこらず失せました」と、仏教的ニュアンスでしるされています。[4]

このように、仏教的解釈では妓王が仏に抱いた「恨み」は妓王自身の「罪」と解され、彼女がそれを悔い改めるべきものなのですが、しかしハビヤン版ではそこは「日頃の怨みはつゆちりほども残らぬ」としるされています。つまり、日本教では、「人をも人と思わぬ」忘恩は、あくまでもあの「恩の貸借関係」の原理によって、埋め合わせられねばならないのです。それをしない者は怨みを買うのです。従って、妓王は、「日本教」の基準に忠実に従い、仏が自分に対して忘恩しておらず、自ら赦しを乞いにきたことがわかったので、「私の怨みはもうすっかり晴れました」と言っているわけです。

加えて、山本さんによれば、この「怨念」は、その「受難者」個人とは「関係なく」、それを超えて、世の中で「つもりつもって」、清盛のような不届者を最後は滅ぼす、というのがハビヤンの考えです（83頁）。つまり、それは社会全体に影響を及ぼす観念なのです。

以上が、山本さんが『ハビヤン版 平家物語』から読み出された「日本教の倫理基準」（66頁）の中味です。『日本教徒』という本には、例によって物知りの山本さんによる興味深い話題がちりばめられていますが、私の見るところ、以上がそのメッセージの枢軸です。

この日本的「恩」論に触れて、あのベネディクトさんの『菊と刀』が日本人の「恩」観念を論じたその第五章「過去と世間に負目を負う者」や第六章「万分の一の恩返し」を想起された方々もあるかもしれません。そして、あそこではある意味隔靴掻痒《かっかそうよう》であった日本的「恩」観念のポイントがここでは見事に衝かれている、と私自身は感じています。

日本人の「恩」論に則った現代の諸例

その日本人の「恩」観念を反映している現代の例を幾つかしるしておきます。

まずは、山本さんが取り上げておられる例です。山本さんは、水俣病患者の方々についてしるしてこられた地元作家石牟礼《いしむれ》道子《みちこ》さん（1927~2018）の『晴れやかなわらい』という作品から、患者さんたちによる「勧進」（人々に仏道をすすめて、善に向かわせること。）の様子を紹介しておられます。すなわち、かつてこれらの方々は水俣から上京し、チッソ幹部宅前で御詠歌を歌い、仏のために喜捨を受ける勧進を行なわれました。それだけのことでしたが、自分たちのこの行動がメディアによって報道されることは固辞されました。デモ行進と取られては自分たちの一念が破れると思われたからです。そして、その勧進を成し遂げ、晴れやかな笑いのうちに、「チッソのえらか衆にも、永生きしてもらわんば、世の中は、にぎやわん」と言われました。

石牟礼さんはここに「チッソ幹部たちにたいする患者たちの水俣病結縁の意識」を見届け、そして山本さんはこれをハビヤンがしるしたあの四人の女性たちの一蓮托生の思いと同じものと見られます（83頁）。すなわち、これらの方々は被害者なのですが、けっして加害者に補償を求めることはせず、近年流布した表現を用いれば、チッソ幹部に「共生」の精神を示されたのです。

ここで注意していただきたいのは、以上の行動はたしかに仏教的な勧進の形で行われましたが、そこでも揺るぎなく守られているのは、自分たちへの補償をけっして自己の権利として主張しないという日本教の倫理規範だった、つまりこれらの方々は日本教の聖者たちだった、ということです。

かつて韓国の観光施設で日本人観光客数人が火事に巻き込まれ死亡しました。遺体引き取りのために日本人の遺族が韓国に赴き、韓国政府の担当大臣が謝罪をしました。そのとき日本人の遺族がその大臣に対し補償について一切発言しなかったことを、韓国のメディアは驚きと感心をもって伝えていました。これも以上の規範のゆえです。

日本的「恩」論に則った日本人の行動として忘れられないのは、あるアメリカ人の宣教師さんからお聞きした話です。この方は日本に来て間もなく、自分の教派の牧師会で、自分としては大変当惑する場面に出くわしたと仰るのです。どういうことかと言いますと、アメリカのミッション・ボードから日本の教会のために多額の予算の提示があったにもかかわらず（こういうことは最近では珍しいのですが）、日本人の牧師さんたちは、自分たちの教会でそれを用いるべき多くの必要があるだろうに、一人もそのことで自分から発言しようとはせず、話し合いがうまく進まなかった、これは一体どういうことなのか、自分にはさっぱりわからなかった、というわけです。

その後、山本さんの「日本教」について西谷がしるした文章を読んでようやく納得した、「その予算提供の代表者として、これを善用することは皆さんの権利ではなく義務なのですよと、会の始めに私が宣言していればよかったのですね」と言われました。

次は、私がある日の夕刻、東京の混だ私鉄電車に乗り込んだときの話です。少し離れた所にいましたので、その現場はよく見えなかったのですが、シルヴァー・シートの辺りから、興奮したおじいさんの声が聞こえてきます。やり返す若者の声も聞こえます。どうもその若者がシルヴァー・シートを荷物と一緒に占拠して居直っているらしいのです。ついに怒鳴り声になりました。若者のほうです。「お前、座りたいんだろ。立ってやるから、座れ！」。すると、おじいさんが若者よりも大きな声でどなりました。「私は座りたいから、言ってるんじゃない！　君《きみ》がみんなに迷惑をかけているから、注意しているんだ！」。本当に困ったワルガキです。ただ、おじいさんも、もしや空いていれば座ろうと、そのシートのほうに行かれたのだと思います。しかし、たとえ年配者であったとしても、自分から座りたいなどと権利の主張はけっしてしない、これが日本人なのです。

ある高校で大学の模擬授業を依頼され、日本の臓器移植の現状について話をしたことがあります。その後、教頭先生から、生徒の感想のコピーが送られてきました。皆、臓器移植のことでは聞き耳を立てたようです。なかにこういう文章がありました。「私もドナーとして自分の臓器をほしい人にあげるのはいいのだけれど、もらう立場になるのは少し気がひけるなあと思っていました」。一七歳の高校生の言葉です。民族の文化的価値観というのは一朝一夕には変化しないのです。

さて、ここまで申し上げれば、脳死臓器移植をめぐる日本人の否定的態度と、山本さんの言われる「日本教の倫理基準」とが、深く関係しているということが察していただけたことと思います。あのような態度をもたらす文化的遺伝子構造には日本的「恩」論すなわちハビヤン的な施恩・受恩の倫理がほとんど本能のように組み込まれているのです。日本人にとっては、臓器受容もまた、自己の権利主張の事柄なのではなく、あくまでも受恩の義務の事柄とされるときにのみ、許されるものなのです。

ですから、臓器は「あげるのはよいが、もらってはいけない」のであり、「下さるという方があって、しかもその方がなおかつ、自発的に『お前生きろ』とおっしゃれば、わかりません〔いただきます〕」ということになるわけです。

1　ハビヤンの人物像に関しては、山本さんの考証に加え、大英図書館蔵『天草版平家物語』上・下（勉誠社、一九八七〜八年）への福島邦道さんの「解説」を参照しています。
2　丸山真男『日本の思想』（岩波書店、一九六一年）、4頁。
3　渡辺貞麿『平家物語の思想』（法蔵館、一九九一年）、266、285頁、4頁。
4　水上勉訳『平家物語』（学習研究社、一九八一年）、30〜31頁。

第五章　親子関係――山本七平

第四章では、山本さんの『日本教徒』の最重要メッセージと思われる日本人の「恩」論の内容を跡づけました。要点は、第一に、日本人は「恩の合理的な貸借関係」を互いに律義に守り合う中で生きており、これを弁《わきま》えない輩《やから》は「畜生《ちくしょう》」であり、この世では「やがて滅びる」ということ、しかも、第二に――この点を弁えることが第一点よりも難しい分、より重要なのですが――「恩」は施すにも受けるにも自らの権利ではなくあくまでも義務である、という「相互債務論」がこの世では貫かれる、ということでした。

山本さんがハビヤンを介して明らかにされたこの二点によって、現在も続く日本人の臓器移植への否定的態度の理由がつまびらかにされている、というのが、私の発見の驚きも伴った感想でした。すなわち、臓器は「あげるのはよいが」、返礼しようもないほどのものなので「もらってはいけない」のであり、臓器を「下さるという方があって、しかもその方が自発的に『〔これで〕お前生きろ』とおっしゃれば」、つまり、いただくことが義務とされるのであれば、いただきます、ということになるわけです（ドナーの方々は初めから「これで生きてください」と言われている方々なのですが）。

『日本教徒』の刊行は臓器移植法施行に二〇年以上も先立つ一九七六年でしたので、山本さんは臓器移植への日本人の極端な消極性の秘密をとっくに明らかにしておられたわけです。いずれにせよ、やはり日本人は臓器移植を受け入れている諸外国民とは区別される固有の民族特性を帯びていると言ってよいのだと思います。

ただ、山本さんは、先にも申しましたが、この日本人固有の「恩」論を「日本教の倫理的基準」として提示しておられました。それはどういうことでしょうか。

命題A再論　その意味を理解するためにも、本書の方法論的視点であるティリッヒの命題A（本書、8、30、177頁）について、あらためて私なりの意味づけを述べたいと思います。「宗教は文化の内実、文化は宗教の形態である」との命題でいう「宗教」とは、それ以上根拠を問えない人知を超えた神（超越者）からの啓示の真理のことです。数学で言えば「公理」のようなものです。それは人を救い導く不可思議な秘義であるゆえに、議論による否定や論駁の対象ではなく、ただ心から肯定し帰依すべきものということです。そして、山本さんは、日本人にもそれに近いものがあるとして、それを「日本教」と名づけられたわけです。

この「宗教」の根幹から「文化」の花実が結果します。ある宗教社会学者は「文化」とは「人間による所産の総体」だと言いますから、[1]上記の命題Aに即して言えば、文化とは宗教の教えに則り作り上げられた人為的創造物であると言えるでしょう。そして、文化には物質的可視的なものもあれば、精神的不可視的なものも含まれます。後者の典型が言語であり思想であり芸術です。そこに倫理も含まれます。

そこで、以上を踏まえて言えることは、「日本教の倫理的基準」とは「日本教」の本質そのものではなく、そこから派生したきわめて印象深い一文化現象なのだということです。つまり、それはいまだ「日本教」の核心そのものとは言えないのではないか、ということです。たしかに、「日本教」は、これまで日本人自身にさえ意識されてこなかったその宗教的な「民族特性」の独得の構図を、山本さんがこれをもって初めてわかりやすく指摘された概念として意義深いものであり、その意味で私はこの名辞を敬意をもって用い続けるべきだと思っておりますが、山本さんによるその意味づけは、「人間味」の重視と、「神学はなく人間学だ」、と言うだけに留まっておりました。そこで、その核心の探究に取りかかろうというのが本章の課題なのです。

ところで、第一章の末尾で、聖書は神と人間の関係を「養子縁組」でとらえるのに対し、日本人はそれを「肉親的なもの」として理解しようとすると山本さんが指摘されたところから、日本教の重要な要素は「血縁」であると示唆しておりました。私はこの「血縁関係」、「親子関係」が日本教の核心にさらに迫るものと考えている者です。その観点から以下の論述を進めてまいります。

親子関係から出て来る日本的恩論　実は山本さん自身が「日本教」の重要要素として「親子関係」に言及し、しかもそこからハビヤン的「恩論」すなわち「日本教の倫理的基準」が派生していることを示唆しておられます。『日本教徒』における次のような下りです。

「『恩』という概念が、親子関係という人間の基本的な自然発生的な秩序に基づいており、これを社会全般に敷衍して一つの秩序の基本としたと考えれば、これは確かにハビヤンにとっては、デウスが打ち建てた自然の秩序に基礎を置いた秩序であったろう」（57頁。傍点は私）。

ここから確認できることは、まず、日本的「恩」論が日本人の「親子関係」に基づくものであり、しかもこの親子関係は「デウス」が創造した「自然の秩序」と同定されているということ、そして、親子関係に基づくこの「恩」の倫理は日本の「社会全般」の「秩序の基本」となっている、ということです。

山本さんは、『日本教徒』の「序にかえて」において、「ハビヤンの根底にあったものこそ……

『日本教的立場』の基本で」あり、それは「『自然《ナトウラ》の教え』という彼の基本的思想」であって（5頁）、それが「いまの日本人もそれによって生きている一つの基準」（7頁）なのだ、と述べておられました。この「自然《ナトウラ》の教え」というのはハビヤンがキリスト教から習得した表現であり思想です。山本さんは、ハビヤンの棄教以前の『妙貞問答』の中に彼の世界観や自然観を探りながら、ハビヤンはデウスが「主《あるじ》」として創造した「天地」には「理」すなわち「一つの秩序」が貫かれていると見ており、それをもって、この世は「諸行無常」であり従って「秩序なし」とする仏教をも「破」したのだ、と指摘されます（56頁）。そして、ハビヤンはこの「一つの秩序」に当たるものが日本人にとっては「親子関係」なのだと指し示すわけです。

もちろん、ハビヤンはついにはキリスト教をも破したわけですから、デウスの自然という観念も捨てたでしょうが、それによって彼における「親子関係」および「恩の倫理」の重要性までが撤回されたということはありえないでしょう。この「親子関係」が「恩の倫理」の根源であり基盤であることは上記引用文で確認できたわけですが、実は山本さんにおいては前者と後者の正副・主従関係は曖昧です。[2] それほど二つの事柄は表裏一体とも言えるのですが、本書では「親子関係」こそ「日本教」の核心に迫るものとして論じるつもりですので、それと「恩の倫理」とは主従の関係にあるということは押さえておきたいと思います。

しかし、この主従・正副関係を確認するだけでは、その関係の内実の理解には至りませんから、それについて私なりの説明を補っておきたいと思います。換言すれば、なぜ親子関係から山本さんのいわゆる「恩の相互債務論」が成り立つのか、ということです。

親子間における義務としての施恩・受恩

親子関係の理想状況においては、親から子への無限の情愛による保護と世話（施恩《せおん》）がなされ、それに対して子からの無条件の受容と依存（受恩《じゅおん》）が対応します。しかも、それらはいずれも「自然発生的に」、つまり、自然に、自発的になされる行為です。親子ともけっしてそれを権利として主張するなどということはありません。ですから、これはまったく無意識にですが義務としてなされている行為であるとも言えます。山本さんが言われる「恩の相互債務論」の純粋形態が、この理想的な親子間の施恩、受恩の行為に見届けられるわけです。

なお、この施恩と受恩は人間の本性《ネイチャー》においてのみならず、動物の自然《ネイチャー》においてさえも見届けられることです（皮肉って言えば、むしろ後者の場合のほうが、より純粋に――まさしく自然に――なされているのかもしれません）。

第三者間の恩の合理的な貸借関係

そして、以上をもし施恩と受恩がなされる理想的状況と言ってよいとすれば、それらが血縁でない第三者間で行なわれる場合のルールが、あの「恩の合理的な貸借関係」だと言うことができるのではないでしょうか。直接の血縁ではないために信頼関係が希薄になる分、第三者間では客観的規定が必要となってくるのです。

ここで詳述はしませんが、第三者どうしの「恩」のやりとりについて日本ではきわめて精緻なルールがあります。贈答者と受領者の関係やその贈答のTPOに関して詳細なルールがあり、それを習得していることがまた立派な日本人であることのしるしと見なされます。とくに施恩者への受恩者からの「恩返し」は誰もが気を使うところです。

いずれにせよ、第三者間の「恩」のやりとりの基本ルールは「対等性」であると言ってよいでしょう。伝統的倫理学で言う「タリオン」の原理です。

ところで、親子間の情愛の関係と、そこに具体化する義務としての施恩と受恩は、落ち着いて考えるなら、人間の普遍の本性《ネイチャー》に属する事柄であり、それゆえ万人に共通理解が可能なものであると言えるでしょう。ただ、日本民族は、どういうわけか、この元来自然であるはずの事態をとりわけ重視し、従って倫理規範化し、さらには宗教的に神聖化（つまり絶対化）してきたようなのです。のちに言及します土居さんの表現をお借りすれば、日本人はこの関係の体験を、古来、久しく、ある「感動」をもって「培ってきた」のです。[3]

その神聖化、絶対化について、山本さんも『日本教徒』の中で清盛によるあの成親卿や俊寛の流罪に触れながら興味深く論じておられますので、次にそれをご紹介いたします。なお、そこでは親子関係は「血縁関係」（「縁」と「関係」は同義語反復的ですが、慣用句と見なし、このまま用います）と表現されておりますが、「血縁関係」の基底が「親子関係」であるということは言わずもがなのことでしょう。

絶対化された血縁の世界

さて、山本さんは、人をも人と思わぬ者への対抗手段として日本人には「世捨ての権利」というものがあるが、それは日本人の間にまず「血縁関係の絶対化」（93頁）が厳存するゆえに、その裏返しとして成り立つ事柄なのである、と論じ始められます。

読者の中には「世捨て」は仏教の「出家」の教えを背景とするものだなと思われる方があるかもしれません。たしかに『平家物語』も「出家」という語を用いています。しかし、表面の形は出家でも、その実はまったく日本人的な「絶対化された血縁の世界」（93頁）からの絶縁ということであり、これは血縁者たちにはあってはならないこととされていたことですから、例えば、清盛は門脇宰相こと弟の教盛《のりもり》から自らへの抗議の手段として出家を言い出されて、教盛に譲歩せざるをえなかった、と山本さんは説かれます。

次に、山本さんは、『ハビヤン版 平家物語』における成親卿やその子成経《なりつね》少将の流罪の下りや、同じく流罪とされた俊寛僧都《しゅんかんそうず》とその養子有王《ありおう》の再会の下りを取り上げつつ、「流罪」との関連で日本社会における血縁関係の絶対化について説明されます。もちろん、原典『平家物語』にもこれらの場面はあり、その内容はほとんど同じなのですが、注目すべきは、『ハビヤン版』は、あの「鹿谷の変」のあと、第一巻第七章から第一二章まですべてこれらの下りを並べて、わが国における血縁の絶対化をことさらに強調する点です。

要するに、それらはすべて、「鹿谷の変」の謀反後、流罪となった成親やその家来らが肉親や身内から離されて、その悲嘆・落胆ぶりは尋常ではなかった、という内容なのですが、山本さんが注意を喚起されるのは、島流しにされたとは言え、それらの者たちの生活ぶりは一般人よりはるかに良いもので、都からのその距離も、また期間も、さほどのものではなかったにもかかわらず、地獄に落ちたと言わんばかりの苦悶の描写がうんざりするほど繰り返されて、ハビヤン自身もそれを疑っている風がないという点です。

「流罪」というものがこれほどの悲嘆、落胆、苦悶を引き起こすのは、それもまた血縁者やそれに準じる者たちからの隔離だからであり、それが刑罰として意味をもつのも、ひとえに「血縁と擬制の血縁関係」の絶対化とそれに「絶対的に忠誠な」人々の態度とが日本固有の文化として確立されているゆえなのです。しかも、これがまたあの「『受恩の義務』の世界の前提」なのです（100頁）。

以上、血縁をめぐる日本人の理解に関する山本さんの解説を跡づけました。わが国における「親子関係」、「血縁関係」の絶対化という大前提があるゆえに、「出家」が抗議として、また「流罪」が厳罰として、絶大な意味をもつ、という説でした。

儒教的「人倫五常」の教え

これを受けて、次に、この絶対化が日本ではどのような様相を呈しているかということについて、中国の儒教の人間関係の教えやその様相を対比しながら、今すこし私なりの論を進めてまいりたいと思います。

日本人は「恩」という言葉を中国から学んできました。けれども、先に触れました『平家物語』の「大教訓」に展開された「恩」論は中国思想そのままかと言いますと、とうていそうとは言えません。息子重盛が父清盛に対して示した「恩」の思想は、孔孟のそれとは質を異にする、やはり、儒教思想に仮託した、日本人固有の伝統的思想なのです。

中国の儒教の「人倫五常」の教えは江戸時代の武家だけではなく、寺子屋で庶民も学んだ教えですが、その「親子・君臣・夫婦（男女）・長幼・同朋」という五つの恒常的な人間関係と、それらの関係において自覚されるべき「仁（親）・義・礼（別）・智（序）・信」という徳の教えに従えば、親子関係は明らかに君臣関係に優位先行しています。例えば、『礼記《らいき》』が、親には「三度諫めて聞かざれば、すなわち号泣してこれに従う」のですが、君子には「三度諫めて聞かざれば、すなわち義に合わざれば、去る」と記しているところからも、親子関係の君臣関係に対する優位は見て取れます。しかし、他方、『礼記』が同時に「父子天合、君臣義合」と述べ、血縁に基づく自然な親子関係と、正義の契約に基づく君臣関係とを、明確に区別していることにも、日本人は留意する必要があるかと思います。孟子が説いた「易姓《えきせい》革命」の思想はこうした「君臣義合」の原則に従う思想なのです。（易姓革命：中国古代の政治思想。天子は天命を受けて国家を統治しているから、天子の徳が衰えれば天命も革（あらた）まり、有徳者（他姓の人）が新たに王朝を創始するとするもの。）

　余談ですが、こうした私の考えを聞いて、ある賢明なる中国人留学生が『春秋左氏伝』における「大義滅親」の説を教えてくれました。君臣の大義を保つためには親子の和親を犠牲にする場合がある、とする中国人の思想です。「忠孝不能両全」という言葉もそのとき教わりました。ここから日本人が留意しておくべきは、中国人は折々に堂々と政治革命を敢行してきた民族である、ということです。

君臣関係も親子関係化される日本社会

　しかし、私に言わせれば、『平家物語』における重盛の恩論は、以上の中国的な考え方とは異なり、それに独特な日本的ヴェクトルを付加したものです。すなわち、日本人が今も口にする言い方で言えば、あの「忠ならんと欲すれば孝ならず、孝ならんと欲すれば忠ならず」[4]のディレンマを乗り越えさせる「忠孝一致《ちゅうこういっち》」の建前です。

　「忠」とは臣から君への報恩の態度を表わす語であり、「孝」は子から親へのそれですが、日本人の忠孝一本の思想の内実は君臣関係の親子関係化、つまりは天皇と日本国民の擬制的親子関係化、ということなのです。「大教訓」における重盛の恩論は繰り返しませんが、要は、天皇は民に恩を賜る「親」であり、この親への「子」たる民からの革命的行動はけっしてあってならない、ということなのです。山本さんが、日本人が「親子関係」とそこから出てくる「恩論」を「社会全般に敷衍《ふえん》（意味のわかりにくい所を、やさしく言い替えたり詳しく述べたりして説明すること。）し」たと言われる場合の最大の例が、まさにこの事情だと私は解しております。このことは日本人の民族特性として覚えられるべききわめて重要な側面です。

　ところで、この「忠孝一致」思想について日本思想史の観点からも一言しておきたいと思います。申しましたように、『平家物語』に伝えられるのは一二世紀末のわが国の内乱の歴史であり、この作品の成立は一三世紀前半ですから、日本史学の立場からは、あの時代に「忠孝一致」が思想としてあれほど顕著に確立されていたのか、それは江戸末期の尊皇攘夷思想に至ってとくに強調されるようになったのではないか、という疑問が提起される余地があります。平氏の時代は依然として「親への孝行」が「君への忠義」に優先していたのではないか、という批判的疑問です。

　しかし、以上のような歴史学からの疑問は、むしろ、わが国における元来の日本教的「親子関係」信仰が歴史的経緯の中でより深化していく過程を証言してくれているものではないか、というのが、私の意見です。つまり、日本においては親子の血縁関係が究極的関心ないし価値として古来厳存し、それが社会倫理的に敷衍されていった、ということです。それとの関連で申し上げれば、山本さんは、ハビヤンは『破提宇子』におけるその「十戒」解釈の中で、キリシタンをとおして知った地上における「絶対者の代理」の概念を天皇に適用し、天皇を日本人の絶対的忠誠の対象としてとらえ始めていた、と指摘しておられます（『破提宇子』、220頁）。つまり、天皇の権威の強化ということも上述のような歴史的な深化の過程をもったということです。

これを要するに、『平家物語』のあの「大教訓」のテキストが示すのは、重盛がけっきょくは親子関係すなわち父清盛への孝よりも君臣関係すなわち法皇への忠を重んじたということではなく、親子関係を君臣関係にまで拡大投影した、ということです。

それほど親子の情愛の体験に対する日本人の「**憧憬**」（森、本書39頁）や「**感動**」（土居、本書98頁）には強いものがあるのです。ここに、親子関係（これが現実にはどんなに破れの多いものかは皆さんご承知のとおりですが）を理想化し抽象化して、それとは本来異なる他の人間関係にもそれを適用するという、日本文化の原パターンがあります。倫理的に規範化された、もっと言えば宗教的に神聖化され教義化された「親子関係」が、第一には現実の血縁関係を、次には地縁関係すなわち擬制の血縁関係を、さらには社会的国家的諸関係を、究極には天皇と国民との親子的一体化のイメージをもって支配しているのが、「日本教」の教団としての日本社会なのです。

日本人の宗教的内実に迫るものとしての親子関係

以上が、「日本教」に関する私の根本認識です。これまで述べてきましたことからもおわかりのように、私自身が何か独創的なことを発言しているということではなく、優れた日本人論の諸先達の議論を学ばせていただいた結果、このようにまとめることができるのではないか、こうして「親子関係」を中心に据えることが日本人の特性を表わすさまざまな概念をもっともよく統合できるのではないか、というだけのことです。

すでに申しましたように、ベフさん（第一章参照）は学問的方法論を重んじられる日本人論研究家でありましたが、『イデオロギーとしての日本人論』の中で注目に値する意味深長な言葉を残しておられます。ベフさんは自然科学的な数量的分析を重視する立場でおられるのかと思っておりましたので、私には以下のベフさんの言葉は正直、驚きでした。しかし、それはまさに私の探究の立脚点を言い表わしているという意味で、喜びの驚きでした。

「これだけいろいろな日本論の文献にさらされていても、日本人は日本文化の研究の中で自分の感覚や直観を駆使しながら、自らの観察に照らして、どのモデルが妥当かについて評価を下すことができる。……〔それは〕自らの文化の主観的・直観的把握であって、これはその文化の構成員にだけできる作業である」（100頁。傍点は私）。

以上の私の議論も、まさにベフさんが言われるように、日本「文化の構成員」としての私自身の「主観的・直観的把握」によるものです。しかし、そのすべてがたんに主観的なものでもないという弁明も可能であると思っております。なぜなら、私の議論は優れた諸先達の日本人論を参照し、それらの研究成果に依拠しつつ、練り上げたものであるからです。もちろん、そこに、私自身の取捨選択がなされておりますが。ちなみに、これが日本人論をめぐる私の人文学的な探求方法です。

いずれにしましても、私の「観察」や「直観」が本書の読者の方々に共感をもって受け止めていただけるかどうかについては、私としては「そうあれかし」と願う以外にはありません。日本人としては珍しくキリスト教徒となり、そうでない日本人とはいささか異なる視野をもつようになった者の、自民族に関する一つの「証言」として聞いていただくほかはないと思っております。

次の第六章から、以上で「日本教」の核心に迫る概念として取り上げてきました「親子関係」、「血縁関係」は、より特化して「母子の情愛」と表現することが至当ではないか、そして、それこそが日本教の「核心」と呼べるものそのものではないか、という議論を進めてまいります。

1　ピーター・バーガー／薗田稔訳『聖なる天蓋』(新曜社、一九七九年)、10頁。

2　例えば、ある箇所ではたしかに「施恩・受恩〔恩論〕の絶対化と、その基礎となる血縁関係〔親子関係〕の絶対化」(93頁。傍点は私)と言われているのに、別の箇所では、ハビヤンの言う「『ナツウラの教え』

（自然法）とは……『受恩の義務』〔恩論〕とそれに基づく『血縁〔親子関係〕および擬制の血縁への忠誠』の世界である」（137頁。傍点は私）とも表現しておられます。つまり、これら二つの文では「親子・血縁関係」と「恩」観念の主従の関係は逆転しており、曖昧なままです。

3 土居健郎『甘えの構造』（弘文堂、一九七一年）、91～92頁。

4 頼山陽『日本外史』（一八二七年）を参照してください。

II

日本教の極点——母子の情愛

第六章　母子の情愛――母性社会日本――河合隼雄

これまで論じてきたことを整理しますと、次のように言えるかと思います。すなわち、まず、日本には既存の仏教や儒教などとは区別される日本人固有のいわば暗黙の宗教が存在し、それを山本さんが「日本教」と命名して指摘したことはきわめて至当と思われるということ。ただし、この「日本教」という名称は既存諸宗教との区別には役立ちますが、その内容規定は山本さんによれば「人間味」と「神学なしの人間学」というのみで、これではその本質の理解のためには依然として抽象的形式的という感が拭えませんでした。

そこで、「日本教」の核心に迫るために、「臓器移植への否定的態度」という日本人に特異な文化現象のほうから出発して、こうした態度が日本的な「恩の倫理」の結果であり、さらにその倫理は自然な情愛に基づく「親子関係」を母胎としたものであることまでを跡づけてきました。

本章から始まる数章の課題は、そうした「親子関係」をさらに「母子の情愛」として特定することにあります。これを「日本教」の核心部分として確認してよいのではないか、というのが、本書の主張なのです。言い換えれば、日本人の究極的関心、その宗教的価値体系の中心は、実はこの「母子の情愛」にこそある、というのが、私の確信です。

従来の日本人論には、実は日本人固有の特性ではなく万民に共通するものを日本人独自の特性であるかのように強調したり、あるいは日本的ではあっても取るに足りないような特性をことさら取り上げたりした「勘違い日本人論」も多くありました。他方、それらとは異なり、たしかに日本人にとりわけ顕著な民族特性と言えるものを浮き彫りにした「卓越した日本人論」も輩出してきました。ただ、そうした日本人論もいわば各論併記の状態で終わっているきらいはないか、それらの顕著な諸特徴を包括し総合して、それらの意義をさらに明確化しうる優勢な視点《ヴァンテージ・ポイント》があるのではないかという思いから、その全体統合的価値として本書が想定しているのが「母子の情愛」であるわけです。

そこで、そうした私の見解を裏打ちしてくれるものとして、以下においては、わが国の代表的な三人の精神医学者による日本人の「母性」をめぐる議論を参照し、私なりの論評を添えていきたいと考えます。

"I'll love you, my baby, forever."

ただ、その前に、あるアメリカの絵本について触れておきたいと思います。これは、かつてあるアメリカの大学で、「日本教」の鍵は「母子の情愛」だと考えます、という私の講演を聞いた、日本で長く伝道された女性宣教師が、後日、私にプレゼントしてくださった*Love You Forever*[1]という絵本でした。

一人の男の子が生まれ、イタズラっ子の少年時代を経て、立派に成長するのですが、その間、母親は事ある毎にこの息子を――独り立ちした後も訪ねて行って――ロッキング・チェアーで抱きしめながら次の歌を歌う、という物語です。

I'll love you forever,
I like you for always,
As long as I'm living
my baby you'll be.

あなたのことが、いつまでも、愛《いと》おしい。
いつも、あなたのことが、好きなのよ。
わたしが生きている限り、
あなたは、わたしの、赤ちゃんです。

けれども、母親はとうとう年老いて、この歌も歌えなくなる時がきました。そのとき、今度は成長した息子がロッキング・チェアーで母を抱きながら、この歌を歌います。もちろん、「ベイビー」

は「マミー」に変えて。そのうち、彼もいつしか結婚したのでしょう、子どもが生まれ、今度はその子にこの歌を歌ってあげます。

この絵本は私の日本人論へのこの宣教師先生のリスポンスでした。母から子への情愛は日本人に限らずアメリカ人でも同じように深いのです、ということでしょう。アメリカ人にも、『こんにちは、赤ちゃん』の世界は、あふれんばかりにあるのです。別の言い方をすれば、日本人にもアメリカ人にも、普遍的な「人間の本性」としての母性性が確かめられるわけです。アメリカ人の母親も、わが子に対して「あなたのことが、いつまでも、愛おしい」という感情を抱くのは、日本人の母親とまったく変わらないのです。

しかし、それでもなお、私は母性性をめぐる顕著な日本人固有の特性を指摘することは可能であると考えておりますし、それを承知しておくことは重要であると思っております。そこで、以下において参照し検討していきたいのは、河合隼雄さん、小此木圭吾さん、土居健郎さん（1920～2009）の日本人をめぐる議論です。なぜこれらの方々の議論を重視するかと言いますと、一つには、民族の集団的な心性、とくにその無意識の深層への精神医学的アプローチは深い意義を有するように思えますし、しかもお三方ともそのアプローチの中で共通して日本人の「母性性」をテーマとしておられるからです。日本人の民族特性を探れば、当然、そうなるでしょうが。さらに、第二に、これらの方々は精神医学の理論家としてのみならず臨床家として現実の日本人に直に触れ、その興味津津たる実例から議論を展開しておられるからです。それらの具体例は相当なインパクトをもって迫ってくるものです。

そこで、以下、河合さん、小此木さん、土居さんの順序で取り上げていきます。この順序はもちろんお三方の議論の優劣によるものではありません。それぞれ本質を突いた議論を展開しておられます。ただ、河合さんは日本民族の母性に関する大変わかりやすい議論を提示し、この主題に関わる全体的な視野を提供しておられるように思いますので、河合さんの議論から進めていきたいと思います。

なお、以下においては、これらの方々を精神医学者ないし精神科医とごく一般的な名称のみで呼んでいくことにいたします。この領域における学問的傾向の違いを問うて、そもそもフロイト派とは何か、それとは異なるユング派の特徴は何だと論じるのは、門外漢の私の手には負えませんし、本書のねらいでもないからです。ただ、最小限、論述の過程で必要なことには触れてまいります。

先にも申しましたように、本書が心がけておりますのは、私たち日本人を本当にハッとさせその上でナルホドと思わせるような、日本人をめぐる興味津々の議論に焦点を当てていくということです。そこで上記三人の方々のそうした議論を選択して取り上げ、また、それらに関わる限りで、他の優れた日本人論者の議論にも触れていくつもりです。

そこで、河合隼雄《はやお》さん（1928~2007）の最初の話題作『母性社会日本の病理』（中央公論社、一九七六年）や、その後の『中空構造日本の深層』（中央公論社、一九八二年）、『源氏物語と日本人――紫マンダラ』（講談社、二〇〇三年）などから、「日本は母性社会である」という河合さんの基本命題の内容を跡づけ、さらに、「場の倫理」と河合さんが名づけられた日本人の倫理の基本構造を探っていきたいと思います。

母性原理　さて、河合さんによれば、人間の心には多くの相対立する原理が働いていますが、中でも重要なのは「父性原理」と「母性原理」です。人間ですから、当然、この二つが内在します。

そこで、まず、「母性原理」の特質ですが、それはすべてを良くも悪くも「包含する」ことであり、そこではすべてが「絶対的な平等性」をもちます。つまり、「わが子はすべてよい子」（傍点は私）であり、平等に可愛いのです。これが母性の究極の美点です。

ただ、母親は子どもが自分から離れることを許しません。それは子どもを守るためでもありますが、母子は一体という根本原理の破壊を許さないからです。場合によっては、母は子どもを呑み込み、死にさえ至らしめます。ここで日本人には「鬼子母神」がイメージされるかもしれません。そういうわけで、母性原理の肯定的側面は子どもを「生み育くむ」ことですが、その否定的側面は今述べましたように、子どもを「呑み込む」ということなのです（『母性社会日本の病理』、9頁。以下の引用頁数も同書から）。

「神話」は人間の「普遍的無意識」の「原型」を提供してくれるものですが、以上の母性の否定的側面をよく示しているのが、古代世界に偏在している「ウロボロス」という神話的表象です。それは自分の尾すなわち自らの一部としての子どもを呑み込んで円状をなしている蛇であり、この「未分化な全体性のなかに、自我がその萌芽を現すとき、世界は太母《グレート・マザー》の姿をとって顕現する」のです。弱い萌芽期の自我にとって、この太母は自分を養い育てる慈母として映るか、あるいは自分を呑み込み混沌へと逆行させる鬼母として映るか、という両面性をもちます（18～19頁）。後者の表象がウロボロスです。そして、このウロボロス性が母性が抱える弱点なのです。

by Ayah Lacar

以上の母性の美点とともに、とりわけ弱点の部分は、本書の議論にとってとくに留意すべき重要要素です。

父性原理　さて、以上のような太母から自我が育つと、それは次に父と母、天と地、光と闇の分離、つまりは意識と無意識の分離を経験します。この経験においては「切断する」機能をもつ

「父性原理」が働いています。それはすべてを分割し分類し、子どももその能力や個性に応じて区別します。そして、「よい子がわが子」(傍点は私)という基準によって、子どもを鍛えるのです。父性原理はその意味で合理性の原理と言ってもよいでしょう。

親子関係におけるその肯定的側面は、子どもを強い者にしていく点ですが、否定的側面は、切断の力が強すぎて、あの基準に合わない子どもは切り捨てていってしまうという点です(10頁)。

英雄神話　さて、この段階を過ぎると、自我は画期的に変化していく「英雄神話」の段階を迎えます。英雄神話に関する詳細な説明は控えますが、これも世界に偏在する神話であり、その三つの共通項は、(1)英雄の誕生、(2)怪物の退治、(3)宝物(異性)の獲得です。

フロイトがこの英雄神話をいわゆる「エディプス・コンプレックス」として解釈したことはあまりにも有名です。すなわち、彼は、すべてを知ることなく(つまり、まったく無意識に)、母を異性として求め、そのために父を殺害し、母と結婚し、それと気づいたのちは、その罪悪感に苛まれ、自ら目をつぶした、という、あのギリシアの「エディプス王」の神話の枠組みの中で、異性の親への愛情と同性の親への敵意をもつものとして、人間の心性を解釈しました。この精神医学理論に根本的インスピレーションを与えたソフォクレスによる「エディプス王」の劇作はあまりにも有名です。

これに対して、ユングは、怪物退治は両親殺害の面をもち、母親殺しは自分を呑み込むあの太母との、父親殺しは文化的社会的規範との戦いであって、双方ともに自我の自立性獲得を意味すると解釈しました。これら二つの戦いに勝利して、自我はようやく怪物にとらえられていた異性を解放し、それと結婚します。すなわち、確立した自我として、他者と新しい関係を結ぶのです（20頁）。

母性原理が優勢する日本社会

以上が、大掴みですが、河合さんの自我と母性と父性にまつわる解釈の基本構図です。そして、ここから見て、「日本〔人とその社会〕の傾向は母性的な面を優勢とする」（10頁）、「わが国はむしろ母性優位の心性をもつ」（12頁）、というのが、河合さんの総合的判断なのです。

その判断を示すために河合さんはいろいろと論じられますが、その端的な根拠として挙げられるのが、次のようなご自身による直接の臨床例としての、ある三〇歳代の日本人男性の夢です。

実はこの夢の紹介は私には衝撃的であり、初めの印象は少なからず違和感を感じさせるものでした。しかし、熟考すると、日本人の心性について相当に意味深長なメッセージを含むものではないかと説得され、感心させられたことでした。そういうわけで、重要ですから、その男性の夢を、河合さんがしるされるままに、引用いたします。

「一人の女性がいた。彼女の二人の姉は、ある強い男に強姦されたか、殺されたかということであった。そして、その男が彼女をも犯そうとやってきた（何か昔話のようで、人身御供のようであった）。わたしと誰か（兄らしい）は二人で彼女を守ろうとしていた。しかし、男が来たとき、われわれはそいつが強すぎて、戦っても無駄だと知った。そこで、わたしは（男性だが）、彼女の身代わりになろうと思った。わたしは身を横たえながら、女であることのかなしさを感じた」（11頁）。

この夢を熟考する中で考えさせられたことは、日本人男性の中に母性性や女性性への特別な親近感ないし憧れがあり、それがこういう夢さえも可能にするのかなあ、ということでした。私自身にもそうした親近感や憧れは少なくはないのではないかと思わせられたのです。

河合さんは、『源氏物語と日本人』の中で、『源氏物語』を母性社会日本を象徴する「女性の目から見た世界観」（『源氏物語と日本人』、10頁）の書物と性格づけておられます。周知のごとく、『源氏物語』は、朝廷に仕えた女官紫式部が一一世紀にしるしたとされる、光源氏という皇子の一生をめぐる長編小説です。河合さんは上記著作の中で『源氏物語』をシェイクスピアの『リチャード三世』と興味深く比較されるのですが、そのポイントは、二つの物語とも王権をめぐる──前者は天皇家と藤原摂関家との、後者はランカスター家とヨークシャー家との──闘争の果ての「和解」をテーマとする点で似ているが、両者の違いは、その和解へのステップとなる事件が、男性原理社会の『リチャード三世』のほうは「暗殺」であり、女性原理社会の『源氏物語』のほうは「密通」である、という点です。後者では「殺人がまったく語られない」（同上書、233頁）のです。事実、当時の朝廷にそうした事件は起こっておりません。日本社会におけるこうした政治抗争の特徴も、先の夢に表わされた日本人の女性的心性に深く関わるものであるのかもしれません。

親鸞の夢――久世観音の女犯偈

さて、河合さん自身は、先の男性の夢の報告を受けてただちに自分の頭をよぎったのはあの親鸞の夢だった、と言われます（『母性社会日本の病理』、11頁。以下の引用頁数も同書から）。これは浄土真宗の門徒の方々にはよく知られている話でしょうが、少し説明します。二〇年間の求道の時代を比叡山で過ごした親鸞は、一二〇一年、二九歳で山を降り、京都の通称「六角堂」、いわゆる華道発祥の場として有名な「頂法寺」に、百日の参籠《さんろう》（祈願のため、神社や寺院などに、ある期間こもること。おこもり。）をします。色欲に悩み、仏道に帰依する確信がいまだに得られなかったからです。そうした中で、この参籠九五日目に救世観音が親鸞に顕現し夢告《むこく》したのがいわゆる「女犯偈《にょはんげ》」でした（「偈」とは韻を踏んだ詩の形の仏教の教えのことです）。これは、現代語訳しますと、

「もしあなたがこの世の報いで女を犯すならば、私（観音）がその女の身になって犯されよう。一生の間、私はあなたによく仕え、臨終のときには極楽へ導いてあげよう。」

という内容の仏のお告げでした。この夢のお告げには聖徳太子のそれも伴っていたとされます

が、ここでは観音の夢告に集中します。いずれにしましても、後者の女犯偈によって性欲の問題に悩む親鸞の迷いも解け、彼は法然の門に入っていったのです。

ところで、「観音さま」というのは、阿弥陀如来の脇に侍《はべ》る救世菩薩で、元来男性なのですが、中国あたりからわが国に伝来する頃に女性化・母性化された、つまり「両性具有」の仏です。[2]この仏が、以上のようなお告げをもって、親鸞の悩みに解決を与えたのでした（その後、親鸞は、宗教改革者ルターが修道女ケーテと結婚したように、尼僧恵信尼と結婚します）。

可哀そうな女性を助けようとはしたが、敵の男性の勢いにひるみ、これと戦おうとはせず、自ら女性となってその男に身を捧げた、という日本人男性の夢と、性欲の煩悩に苛まれて仏門に入れないと嘆く親鸞のために、私があなたのために女となってその悩みから解き放ちましょうと救いの手を伸ばす観音菩薩の女犯偈――双方とも、状況は異なってはいますが、男性がいとも容易に女性に変わるという点で、似通っています。

河合さんは、「女犯という行為の善悪などは問題にされず、ただあるがままに救われる」「徹底的な受容による救済」（11頁）というところが両者の類似点と指摘しつつ、この男性の夢や親鸞の夢が日本人の心の深層に潜む母性原理、女性原理を表わしている、と見られます。

私はこの河合さんの議論を初めて読んだとき、男性の夢にも親鸞の夢にも一種異様な感覚を覚えましたが、しかし日本人全体の文化的心性の特徴の指摘としては相当な説得力も感じました。それは、すでにご紹介したベフさんの言葉で言えば、「自らの文化の主観的・直観的な把握」のようなものです。以下はこの河合さんの議論を補強する私自身の議論ということになります。

父性原理が優勢する西洋社会　河合さんは、以上のように指摘された日本文化の母性原理に対比する形で、「西洋の文化」の「父性原理」を指摘されます（12頁）。河合さんによれば、合理性を重んじる父性原理が西洋の文化や社会の土台となってきたのです。

ただ、その根拠として指摘される新約聖書の箇所については、首をかしげざるをえません。それは、イエス・キリストが、自分を尋ねてきた母や兄弟に向かって、「私の母とは誰のことか」と言われた〈マタイによる福音書一二章〉の箇所です。河合さんはこのキリストの言葉を「強烈な母の否定」を意味する反語的表現と理解し、こうした「キリスト教」の影響も受けて、西洋文化は父性原理を強調してきたと言われるのです。けれども、キリストはこれに続けて「天にいます私の父の御心を行なう者は誰でも、私の兄弟、また姉妹、また母なのである」と言われますから、先の言葉は母性への否定というよりは、神と人間の関係の基礎とは血縁ではなく信頼の契約だということを強調するためであったと言うべきではないでしょうか。

以上を指摘した上でのことですが、それでもなお西洋が久しく父性原理社会であってきたことは事実です。それを証する史料は、管見《かんけん》によれば、例えば、前四世紀のアリストテレスの『政治学』における「父が子や妻に対し法を定める」（傍点は私）という下りです。宗教改革者ルターも、アリストテレスより数世紀前のテキストと考えられる旧約聖書〈創世記〉の冒頭の記事に基づいて、父権は天地創造において制定されたのだとしています。たしかに西洋社会の政体の根底をなす文化的深層は久しくこの父権制であったのです。

しかし、キリスト教の立場から申しますと、河合さんの場合、父権制に関連して西洋文化の父権制とキリスト教との同定が強すぎる感じがしてなりません。また、日本の隠れキリシタンを描いた『沈黙』で世界的に有名になられた、カトリック作家故遠藤周作さんも、聖書の神は「厳父」のイメージが強すぎると批判された点では、同様の感想を抱かざるをません。

と言いますのは、現代のキリスト教の聖書神学は、いわゆる女性神学《フェミニスト・セオロジー》の影響もあり、聖書における「父なる神」という神の呼称を基に培われてきたキリスト教の父権的性格を克服する形で、神を母性や女性のメタファーで表現するテキスト（例えば、イザヤ書四九章一五節「女が自分の乳飲み子を忘れるであろうか。母親が自分の産んだ子を憐れまないであろうか。たとえ、女たちが忘れようとも／わたしがあなたを忘れることは決してない。」同六六章一三節「母がその子を慰めるように／わたしはあなたたちを慰める。エルサレムであなたたちは慰めを受ける。」ルカ福音書一三章三四節「エルサレム、エルサレム、預言者たちを殺し、自分に遣わされた人々を石で打ち殺す者よ、めん鳥が雛を羽の下に集めるように、わたしはお前の子らを何度集めようとしたことか。だが、お前たちは応じようとしなかった。」）に注意を喚起し始めているからです。こうして、現代のキリスト教では、聖書の神をもっぱら父ないし男性として、あるいは逆にもっぱら母ないし女性として認識することの不適切さが指摘されています。その観点から申しますと――「あと智恵」でしかありませんが――遠藤さんの優れた文学的感受性は聖書の神の父性も母性も含んだ豊かさの解釈にこそ注がれるべきであったのではないかというのが、同じ日本人キリスト教徒としての、私の遠藤文学に対する正直な感想です。

最近ちょっとした驚きをもって遭遇したのは、ハワイはホノルルの「十字路教会《クロスロード・チャーチ》」（プロテスタント米国合同キリスト教会）の礼拝での「主の祈り」の冒頭の神への呼びかけの言葉でした。通常は「天にまします我らの父よ」と祈り始めるわけですが、この教会の方々は何と「我らの母にして父よ」と始めておられました。伝統的な祈りのこうした大胆な変更に対しては厳しく批判する神学者もいるだろうなあと想像しましたが、しかし、生きた宗教とはこういうものではないか、こういうところにこそ神は生きて働いておられるのだとわかるという思いも、正直、私のうちに起こったことでした。聖書の神は父性も母性も備えておられ、しかもそれらを超えた存在なのです。あのアメリカ人の母子の愛の絵本を私に下さった女性宣教師が、それに添えておられた言葉も、「神の愛が人間の愛をはるかに超えたものであることを、いつも思い起こしてください」というものでした。

にもかかわらず、現実には西洋社会が依然として父権社会であり続けていることは確かです。以下に述べることは私自身のごく日常的な経験談ですが、私がアメリカ人の宣教師の方々と触れ合うようになって感じた父性原理の一例は、感謝祭やクリスマスでご馳走になった七面鳥の、家長である男性による皿への取り分けでした。料理は奥様がなさったのですが、食前の感謝のお祈りと、それに続く配膳はご主人がなさいました。ごく自然な感じでした。それが習慣だとお聞きし、へえー、これが狩猟民族の伝統なのかあ、などと思ったことでした。

そして、この宣教師ご夫妻の財布の管理ももっぱらご主人だとのことでした。それ以来、私は気軽にお話ができる欧米の方には、片っぱしから、家計の責任者は夫婦のどちらですかと尋ねてきたのですが、ごくわずかの例外を除いては、ほとんどが夫つまり男性でした。あるノルウェーのエンジニアの方は、私がわが家の家計のやりくりは全部家内に任せています、日本人にはそれが多いと思います、と言ったことに、驚きを隠せない様子でした。彼が言うには、家計は全部自分すなわち男性の責任であり権限だということでした。フランス人男性と結婚した日本人女性の話でも、財布は全部彼が握っている、必要な時に必要な分だけ貰っています、ということでした。ハワイの十字路教会《クロスロード・チャーチ》でも講演後、十数組のご夫婦に同じ質問をすることができました。しかし、そこでは、家計は奥さんが管理しているケースが少なからずあり、ハワイは西洋社会の平均値ではないのだなあと、変に感心したことでした。

私が西洋社会の父性原理を初めて感じたのは、幼い頃に見たエリア・カザン監督の映画『エデンの東』をとおしてであったと思います。ジェイムズ・ディーンが演じる双子の弟キャルが、父アダムの愛を得ようと健気なほど父に尽くすその様子に、初め違和感を覚えてしようがありませんでした。なぜ父は聖人でもあるかのように描かれ、母のほうは汚れた悪女としてしか描かれないのか、そうした父の愛情を得ることがそれほどの喜びなのか、という、まさに直観的な疑問でした。これは私の家内も全く同じように抱いた思いのようです。しかし、その後、西洋人の場合は、日本人とはまったく逆で、日本人の「母」の位置に「父」の存在を置き換えればいいのだと気がつき、あらためてその映画を見直した際には、キャルの気持ちがよくわかったような気がしたものでした。

以上が「母性社会日本」という河合さんの議論から私が興味深いと思った数箇所の紹介と、それらをめぐる私自身の論評です。そこではやはり日本人においては父親よりも母親の存在感が強烈であり、しかもそれが子どもにも大きな心的影響を及ぼしているということが確かめられたかと思います。

そして、そこから必然的に結果したものと思われるのが、河合さんが「場の倫理」と呼ばれる特徴的な日本人一般の倫理です。これも山本さんの施恩・受恩をめぐる倫理の議論と深くつながるものなのですが、河合さんはこの「場の倫理」に関して興味深い二つの特徴を指摘されます。

場の倫理　河合さんによれば、父性原理に基づく倫理が個人の充足や成長を重視する「個の倫理」だと呼べるとすれば、母性原理に基づく倫理は「場の倫理」と呼びうるものだと言われます。そして、この「場」とは「母の膝」のことです。それは母の「胸」でも「掌《てのひら》」でもいいのですが、要は子どもが守られ育まれるのは母の存在においてであり、母の情愛によってである、ということなのです。

　この「場の倫理」に特徴的な二つの要素があります。一つはその場に属する者たちの調和を保つための秩序に関わる要素、もう一つはその場に属する者たちと属さない者たちとの関わり方に関わる要素です。端的に言えば、前者は「年功序列」であり、後者は「内と外の区別」と言うことです。

個人差を覆い隠す年功序列の基準　「場」において最も重視されることは、その「場の中にいれてもらっている」（14頁）者たちの「平衡状態の維持」です（13頁）。そして、それを「保つ方策」が「場の成員のなかに完全な順序づけを行うこと」（15頁）だということになります。

　それがなされた場合の日本社会の理念型的状態を見事に描き出されたのが、河合さんも言及しておられますが、中根千枝さん（1926〜）の『タテ社会の人間関係』（講談社、一九六七年）であったと言ってよいでしょう。そして、その社会における人々の「平衡状態を維持」する「順序づけ」のために日本でこれまで一番重宝されてきた基準は、中根さんも指摘しておられますが、「年功序列」

であったでしょう。
いずれにせよ、河合さんによれば、この「場」では「和」の維持こそが最重要であり、その成員個々人の能力であるとか自由度であるとか、あるいは誰彼の善し悪しといった、彼らの順序づけのための他の基準は、二の次と言うよりも、究極には考慮されません。すべては年功序列という秩序基準で済まされてきたのです。年功序列がすべてを覆い隠す大義名分なのです。ですから、日本社会では、それ以外の個々人に関する「すべての区別があいまいにされ……一様に灰色になる」（14頁）わけです。

この日本的な年功序列の倫理の不都合さが顕著に露呈した近年の例が、あの「青色発光ダイオード」の発明と開発でノーベル賞を獲得された中村修二さんの場合ではないでしょうか。これほどの世紀の業績を上げられても、会社からはわずか二万円の報奨金しか提供されなかった中村さんは、その後カリフォルニア大学の教授としてアメリカに渡られました（中村さんが提訴した一審の二〇〇四年の判決では会社が中村さんに少なくとも200億円を支払うべきとの判決が出ましたが、結局、翌年、会社側からの8億円余りの和解金の支払いで事は決着しました）。私はこの渡米は中村さんの「文化的亡命」であったと理解しております。

内と外の区別

河合さんは、年功序列に加えて、「場の倫理」のもう一つ顕著な特徴として、次の点を指摘されます。すなわち、日本社会では、異なる場に属している「赤の他人」や「ヨソ者」と、「ウチの者」という、いわゆる「内外《ウチソト》」の区別は、「余りにも判然としており、そこに敵対感情が働くと絶対的対立となる」ということです（14頁）。

考えてみれば、「場」とは、もともとが一人の母親との血縁関係――あるいはそれを模した擬制の血縁関係――を基盤とした人間集団によって成り立っている、特定化され限定化されたつながりなのですから、日本人にとって「内外の区別」は当然と言えば当然のことではあります。

臓器の寄贈と受領について、身内でない者どうしではあの「恩の合理的貸借関係」に基づく厳格すぎるほどのルールが守られねばならないのに対して、身内の者どうしではむしろ無制限の施恩と受恩の行為としてそれが推奨されることになる、ということを申しあげましたが、そこにもこの「場の論理」における「内外の区別」という基準が働いているわけです。

この厳然たる「内と外の区別」の論理がここでも顔を出しているなと私が思っている社会現象の一つは次のようなものです。私はある都市で一〇年以上、通勤のために公営と私営のバスを同時に利用しておりました。そのときあらためて気づいたことでしたが、それは、バスがすれ違う場面での運転手さんどうしの挨拶の仕方です。実は運転手さんどうしが手を上げて挨拶しているのは同じグループの――つまり、公営は公営の、私営は私営の――仲間内だけで、けっして他のグループの運転手さんには挨拶していません。大型車どうしですれ違うのだから、そうした所属の問題など気にせず、人間らしい会釈として手の一つも上げればよいのに、と思ったことでした。ただ、この程度のことはまだ社会的な実害には至らない例かも知れません。

しかし、わが国の旧陸軍と旧海軍の軋轢《あつれき》は私たちの年代でも耳にしてきましたが、現在でも陸上・海上・航空自衛隊の文化や習慣の違いは合同演習などでも如実だと聞かされます。「自衛」という大目的遂行のほうは大丈夫なのでしょうか。各県警の間にも「縄張り意識」のようなものがあると聞きます。それはまた諸行政省庁間にもあるようです。それが禍いしてのっぴきならない社会的政治的問題が現出するときがあります。これを「縦割り行政」の弊害と言い慣わしているわけです。こうした傾向はまた民間の企業組織にも存在し、今でも「系列」といった言い方が通用しています。

ヒエラルキーをもった集団は、日本に限らず、諸外国でも、こうした問題を抱えているのでしょう。民間の諸団体や私企業ならそれがかえって生産的な競争につながっていくのかもしれませんが、しかし今言及した公的職務に携わる集団では由々しい問題です。

ところで、中根さんは、日本人にとって「いずれか一つ優先的に所属しているもの〔集団〕が明確にあり、あとは第二義的な所属で」ある、あるいは、「現実には個人は一つの集団にしか所属でき」ず、「二つ以上の場に自己をおくことは不可能である」（『タテ社会の人間関係』、65～67頁）と議論されました。これに対して、同じ文化人類学者の米山俊直《としなお》さん（1930～2006）が、この議論には「自分自身の生活実感」から「違和感」を禁じえない、として反論されました。日本でも個人は複数の集団に属している現実があるという反論です（『日本人の仲間意識』講談社、一九七六年、62～63頁）。私も米山さんのご指摘はご尤もと思っておりますが、しかし生活の糧を得ている所属集団への忠義は他の所属集団へのそれに優先するという観点から考えるなら、中根さんの指摘もあながち理解できないこともありません。

日本には「家元制」という独特な文化的集団の形態があります[3]。華道や茶道などの芸道あるいは柔道や剣道などの武道の特定集団が伝統的に形成されております。その最高指導者の血縁世襲家族が「家元」です。そして、それら特定の分野に複数の「流派」が存在してきました。それで、いったんその一つの流派に所属したメンバーは、「家」の一員となったのですから、擬似親族的なヒエラルキー的関係に組み込まれることになります。そうなると、その所属は中根さんが言われるような限定されたものに近くなります。そういうわけで、これら流派間の競合関係は、ヨソ者である他流派への敵対視にまで高まって、凄まじいものになった場合さえありました。ここにも母性原理が抱える残念な面が反映しているのです。しかし、現代ではこうした集団への所属は「契約」ということでとらえられることが多くなったのではないでしょうか。

1　*Love You Forever*, written by Robert Munsch, illustrated by Sheila McGraw (Firefly Books, 1986).

2　これについては、例えば山折哲雄「女神の誕生」、『日本の神』2（平凡社、一九九五年）を参照してください。

3　これに注目した研究が社会学者フランシス・L・K・シューさんの『比較文明社会論——クラン・カスト・クラブ・イエモト』（作田啓一他訳、倍風館、一九六三年）でした。

第七章　母性社会としての古代日本——暉峻康隆

　さて、前章では河合さんの「母性社会日本」の説を跡づけ、そこに私自身の論評などを加えてきました。そこで、本章では、この河合さんの説に関連して、今しばらく日本史の観点から述べてみたいと思います。河合さんの精神医学的研究がどちらかと言えば共時的で構造主義的な側面が強い分、それと対立する視点からの同種の研究との対論はなかなかに噛み合わない論争のレヴェルで片づけられてしまうきらいがあります。その意味でも歴史的な視点からの議論は、河合さんの説に限らず、続く数章の精神医学的議論をも、適切に支援してくれる側面があると考えるからです。

　しかし、それに入っていく前に、まず河合さんと林道義さんによる精神医学者どうしのまさにそうした論争をご紹介するところから入っていきたいと思います。

日本社会に父権は稀薄であった　河合さんはかつてわが国に現われた「徴兵制」復活をも目論

むような「父権復興」論を批判されたことがありました。若者に無気力や道徳的退廃を見て、父性復権を唱える人々の中に、戦前の「家父長制度」に守られた父親像（『母性社会日本の病理』、57頁。以下の引用頁数は、他の注記以外は、すべて同書より）や「大和魂」（66頁）の復権への「感傷」（64頁）的願望を看取されます。

そして、これも実際の臨床例から、「身勝手な若者を徴兵によって『鍛えてもらおう』などと考えている人は、自ら父親の強さをもつことを放棄し、それを集団にまかせようとする、極めて母性的な発想を抱いているのである」（66頁。傍点は私）と喝破されます。これらの人々は「西洋的父性の著しく欠如する」（73頁）、「日本的な低い父性」（70頁）の父親たちにすぎないのです。

しかし、そこに潜むもっと重大な問題は、河合さんによれば、「わが国には復興すべきような父権などもともと無かった」（56頁）のであり、そのことを父権復興を叫んでいる日本人も十分には認識していないということなのです。日本人が言う父性が西洋的父性に劣る「低い父性」であるのもそこに原因があります。

「永遠の少年」としての日本人男性

このように言いますと、日本社会に父性がまったくないという見解のように聞こえるかもしれませんが、そうではありません。詳述は省きますが、日本社会は母性原理が父性原理に優勢的であるが、母性原理が一面的に支配しているわけではなく父性原理も備える社会である、というのが、河合さんの基本的な見方です。この場合も、豊饒の女神デメーテルにまつわるギリシア神話に依りながら、そこに登場する永遠の少年《プエル・エテルヌス》イアカスに日本社会を重ね合わせ、母性原理を基盤にもつ「永遠の少年」型の日本社会、という命題を立てられます。いずれにしても、この社会の父性はそうした未熟なものであるというのが、河合さんの判断です（22～32頁）。

日本社会に父権復興は可能か？　というわけで、河合さんは一九九六年に林 道義さん（1937～）が『父性の復権』（中央公論社。本節の引用頁数は、他の注記以外は、すべて同書より）という書物を出されると、それに対して「『父性の復権』などできない」という批判を掲げられました。[1]これは本書の議論を理解していただくためにも啓発的な対論ですので、それを要約したいと思います。

まず、河合さんの議論から簡潔に紹介しますと、今の日本に父性は必要だが、もともとそうしたものが希薄であったのだから、西洋的父性を見習いつつ、これから日本人にふさわしい父性を「創造」すべきだという主旨です。

これに対して、林さんの書物は、九〇年代に入り、人目もはばからず「電車の中でお化粧」する若い女性に象徴されるいわゆる「公衆道徳」の低下を憂い、わが国でも「公共哲学」の必要が真剣に訴えられ始めた雰囲気の中、子どもに「友だち」のように接する父親たちの増加を見て、「父性が今の日本で極端に不足しているという現状認識」(『父性の復権』、あとがき)からしるされたものでした。林さんは、もちろん、河合さんに反論されました。[2]

それで、お二人の議論に対する私の感想は、日本が母性優位の社会だという点ではやはり河合さんに賛成、しかし林さんの「父性復権」の主張もご尤もであり、そうしたすれ違いが出てくるのは元来お二人の視点に重大なズレがあったからではないか、というものでした。

林さんのご意見を確認しますと、この本を出されるときから河合さんの従来のご意見は意識されていたようで、自分の意見は、日本社会の過去にあった父性が失われたからそれを「復興」せよというのではなく、今は父性が「高いもの、必要なものという観念」さえ失われているから、それを「復権」せよ、という意味だと言われています(あとがき)。これではまだ論点がはっきりしないかもしれませんが、上記「反論」中の次の下りを読めば、見当がついてきます。すなわち、そこで林さんは、「日本にも……いつの時代にも存在した」、「いつの世にもまがりなりにも〔つまり、どんな時代のどんな場所にも〕あった父性」(80頁)と言われ、さらには「『日本人の父性』にも『西洋人の父性』にも共通の何かがあるはずである」(79頁。傍点付加)と仰っておられます。つまり、普遍的な意味での「父性」の日本における復権を自分は願っているのだ、ということでしょう。

これを私なりの言葉で言い換えますと、林さんの言われる「父性」とは「人間の本性」のレヴェルでのそれだということです。そうした視野からのご議論ですから、林さんにとっては、「民族の特性」としての母性や父性といった視点は、もともと問題ではないのです。これに対し、河合さんが問題にされているのは、まさにそうした民族特性のレヴェルでの母性や父性でした。その観点から申しますと、林さんが「日本は『母性社会』だという先入観がある」（80～81頁。傍点は私）と仰ることに対しては、私自身は河合さんと同じく日本人は父性原理的であるよりは母性原理的であるという判断ですので、批判的にならざるをえません。

ところで、林さんはその後二〇〇三年に出された『日本神話の英雄たち』（文藝春秋）という書物の中では「日本の場合は母権的な観念が非常に強かった」（同書、127頁）と述べておられて、かつてのご見解は多少訂正気味です。しかし、「母親が我が子を全部絶対平等に扱うとは限りません」（同、116頁）と、河合説には依然として批判的です。河合説は「どちらかと言えば」という比較文化論の事柄なのですが、その点はなおお認めていただけないようです。

以上、「母性社会日本」という命題をめぐっての二人の日本人精神医学者の見解の相違をご紹介しました。しかし、こうした議論だけでは、主観的判断のぶつかり合いの印象を与えかねませんから、以下において日本史の観点から、「母性社会日本」という命題を補完する議論を試みてみようと思います。河合さんの命題は精神医学者の臨床経験に基づく直観としては正しいとしても、それを補強する議論がもっと他にありうるのではないかというのが、私の率直な感想なのです。河合さんの研究は、夢や神話がその主たる対象だということもあって、全体として「構造論〔主義〕的」(『中空構造日本の深層』、32頁)であり、しかもきわめて思弁的な部分もあり、そこにもう少し歴史的事実的な考察を加えていくべきではないか、と思うのです。

日本人はもっぱら母親に育てられていた!

先に触れました船曳さんは、現在の日本の母子像は「江戸期以来の日本のイエ、というシステム」から「説明できる」と言われますが、[3]しかし文学史家暉峻《てるおか》康隆さん(1908~2001)の『日本人の愛と性』(岩波書店、一九八九年、11頁。以下の引用頁数は、他の注記以外は、すべて同書から)によれば、そうした母子像の成立はもっとはるか以前からです。

暉峻さんは、『魏志倭人伝《ぎしわじんでん》』から、二~三世紀のわが国は、上層階級の男性では四~五人、下層でも二~三人の妻をもった、夫婦別居制の「一夫多妻婚」であったことがわかる、と言われます(11頁)。これは、要するに、夫が複数の妻の家に適宜通って生活する「妻所婚」(「婿入婚」、「招婿婚」とも)の形態を取った家族生活でした。[4]

『日本書紀』神代巻からもわかりますように、古代日本では、狩猟や漁獲の仕事(つまり「オカズ」の確保)は男性が受けもち、母や娘たちは家と畑に定住して五穀の生産・管理(つまり「主食」

の確保）を受けもっていたわけです。ちなみに、今はあまり見かけなくなりましたが、神事でもあった「田植え」をもっぱら担当したのが「早乙女」であったことも、その名残りです。そして、この生活形態は当然子育て形態にまで影響を及ぼします。暉峻さんはこうしるしておられます。

「そういう父親不在の家庭（妻の実家）では、子どもの命名を母がするだけでなく、彼らが結婚するまでは、母が育てたのである。母は生産者代表で家庭経済をとり仕切っているのみでなく、子どもの命名・育成まで司っているのに、父親ときたら不在地主同様で、時おり……来るだけということになれば、子どもたちにとって実感的親は母親ということになったのは当然である」（11〜12頁）。

従って、次の歌にも出てくるように、『万葉集』では、現在のような「父母」という表現はなく、つねに「母父」と表現されており、家庭でも社会でも子どもから見れば母を父より上位に見ていた当時の状況が反映されています。

「ちはやぶる神の御坂《みさか》に幣《ぬさ》まつり祈《いは》ふ命は母父《おもちち》がため」（万葉・巻二〇）

しかも、ここでは母を「おも」と訓《よ》んでいます。暉峻さんによれば、父母でなく母父の順序であったのは、「『おも』は母屋（主家）の『おも』で、主なる親は母親であり、父親は脇役的存在であると、世間でも考えていた」（12頁）からです。宮中や宮家での「父」への尊敬語「おもう様」も、世間の仕組みが男性上位になってからの逆転語にすぎません。
次の二首も、娘たちが結婚するにあたっては父ではなくもっぱら母の気持ちを問題にしていたことを、証言しています（暉峻さんの現代語訳も添えます）。

「たらちねの母にもいはず包めりし心はよしゑ君がまにまに」（万葉・巻一三）

（お母さんにも言わないで包み隠していましたこの心は、いいわ、あなたのお考えに従います）。

「駿河の海おし辺《へ》におふる浜つゞらいましをたのみ母にたがひぬ」（万葉・巻一四）

（駿河の海の磯辺に生えている浜葛のように、わたしはあなたを頼りにして、お母さんと仲たがいしました）。

これら二首の歌も古代日本が母権制社会であったことを証言しています。

結婚できないのは同母に育てられた子どもたちのみ

ところで、『古事記』や『日本書紀』などを読んでおりまして、私などきわめて頭が痛くなるのは、例の天皇家や藤原家の「系図」です。つまり、誰の子どもたちや兄弟姉妹たちが誰と結婚したのかということを少しでも詳しく知ろうとしますと、複雑多岐にわたり混乱しますし、また現代の私たちには「こんな組み合わせ、あってもいいの」と思うようなケースがどんどん出てきます。
暉峻さんによれば、古代天皇制では、天皇には「妃二人、夫人《おおとじ》三人、嬪《ひん》（寝所に侍する女官）四人を置く」(11頁)という制度であったそうで(そのとおりではありませんが、たしかに、例えば『書記』によれば、天武天皇の場合、正妃持統天皇の他に、妃三人、夫人三人、嬪三人がありました)、そこで子宝に恵まれれば、同父ではあっても異母であれば、兄弟姉妹間の結婚も不自然とされることはなく、自由に成立したのです。これが、ごくふつうに社会全般で行なわれていたわけですし、ましてたくさんの妻子を抱えたやんごとなき人々の場合となれば、その系図も現代の私たちには頭痛の種になるはずです。

しかし、そこに何らかのルールはなかったのでしょうか。ありました。異父であっても同母の兄弟姉妹間の結婚だけはタブーでした。これは遺伝学的理由からではなく(そんなことを言えば、同父で異母という先の条件の結婚もまた禁止されたことでしょう)、子育ては同母のもとで同居してなされるわけですから、そうして育った兄弟姉妹が「恋愛感情を抱くのは不自然だ、人間的ではないと考えた」(23頁)からです。

以上との関連でついでに申しておきたいことですが、それは、先代の天皇から実践されるようになった一夫一婦制では、「万世一系」の皇位継承ということは、確率的にはきわめて困難な問題を抱えることにはなるであろう、ということです。その観点からすれば、男系の男性天皇のみによる皇位継承という皇室典範のルールに固執される方々もおられますが、女系の女性天皇の存在も認めるという方向を考えることもけっして意味のないこととは思われません。もちろん、それを認めたとしても、上述の懸念が完全に払拭されるわけではありませんが。しかし、少なくとも男系の女性天皇が八人を数えたという歴史の事実は考慮されて然るべきでしょう。ともかくも現在まで一二六代にわたり継承されてきたとされる皇位が継続されるように祈るのみです。

ちなみに、かつてはユーラシア大陸でも以上に言及しましたような「妻問婚」の形態による一夫多妻制を取っており、それは今までも幾つかの地域で残存している、と伝えるテレビの番組を見た記憶があります。

「永遠の少年」時代はいつ始まったのか

さて、古代日本においては以上のような結婚と子育ての形態が久しく続けられてきていたのだとすれば、この民族が母性中心の社会と文化を形成したのは実に自然の成り行きであった、と言えるでしょう。しかし、河合さんによれば、現在の日本人社会には、「永遠の少年」的ではあっても、父性原理も混在しています。では、それは制度としては日本史ではいつ頃から始まったことなのでしょうか。

暉峻さんによれば、それはあの六四五年の「大化の改新」による「男女之法」の導入以来です。なるほど、『日本書紀』六四五年の条がしるすその法によれば、「良男と良女の間に生まれた子はその父につけよ」とあります。今の常識からすれば一見何気ないこの法規が、家系が母方によって伝えられる母系家族制をそれとは反対の父系家族制に切り替え、夫が妻の家に通う招婿《しょうせい》婚から妻が夫の家に入り家事と育児に専念する娶嫁《しゅか》婚に切り換える布石でした。「大化の改新」自体が中国（唐）の律令制の模倣でしたから、父系制を取り父権を重んじていた中国封建社会の影響がここにも及んだのです。七一八年の「養老律令」では「三従七去」の規範（要するに男性本位の離婚基準）まで導入しています（なお、ここではいわゆる「大化の改新」の史的真正性の問題はさておきます。この時期にこうした中国模倣の父権制的な法規が輸入されたのだという前提の下で、論じております）。

しかし、暉駿さんに言わせれば、「こういう制令いじりは……貴族官僚が現実との調和を考えもしないで」、「試験的に揚げてみたアドバルーンといった程度のたくらみだから」、「そう決めたからといって、女性はもとより一般国民大衆がおいそれと従うわけがない」のです（28～29頁）。これは、デモクラシー憲法（一九四六年）を導入したからといって、五十年や百年で日本人がおいそれとデモクラティックな人間になり切れないのと同じです。「男女之法」も、よく確かめますと、夫と婢《めのこやっこ》との子は母に、妻と奴《おのこやっこ》の子は父に、奴婢の子は母につけよ、となっていますから、部分的には母系制は残り続けます。それよりも何よりも、『万葉集』を見ても、あるいは平安時代中期のあの『源氏物語』を見ても、現実にその生活形態はその後も残り続けています。

そして、一夫一婦制がある程度定着するようになっても、江戸時代後半には、またぞろ、国学者本居宣長（1730~1801）（『源氏物語玉の小櫛』）のように、「もののあはれ」こそ大和心、「人の情《こころ》の感ずること、恋にまさるはなし」と述べて、儒教道徳は「漢意《からごころ》」と排斥し、『源氏物語』に描かれた恋愛中心の生活態度――その社会学的基盤が「妻問婚的母性社会」でした！――を礼賛する日本人が跡を絶たなかったわけですから（宣長もその恋心のゆえに二度目の結婚をしています）、やはりこれは自ら父性原理になかなか到達しようとしない「永遠の少年」現象ではないでしょうか。

日本的母性から父性の創出へ　母性社会としての古代日本ということについてはもうこれくらいで十分でしょうから、河合さんの説への日本史からの補足は終えたいと思います。

最後に、河合さんの主張の線に立ち、日本人の「父性」は元来心許ないものだったのだから、それを「復興」するのではなく、あらたに「創出」するという決意を語られる、人気作家鈴木光司さん（1957~）の議論を紹介しておきたいと思います。

鈴木さんは、その著『父性の誕生』（角川書店、二〇〇〇年。本節における引用頁数は、他の注記以外は、すべて同書から）で、子どもからも「カッコいい父親」、妻を含めた女性からも「カッコいい男」と呼ばれたくて、「この二つを両立させ」た「父親像を……探し」たが、そんなものは「日本の歴史のどこを紐解いても、小説、映画にも……存在していなかった」と言われます。その関連で日本に発見できるのは、「父系の家長が家長権に基づいて構成員を統率、服従させ」る、外国から

「輸入した」「家父長制」だけでした（10〜11頁）。

この鈴木さんの本は日本人論としても興味深い話題満載の本です。例えば、ベネディクトさん自身が『菊と刀』の冒頭で語られた日本人分析における「奇怪至極な『しかしまた』（“but also's”）」（長谷川訳『菊と刀』、5頁）について、日本人は「礼儀正しいがしかしまた不遜で尊大である」という場合、礼儀正しかったのは「武士」だったのであり、不遜であったのは「町人、農民」だったのだと明快な見解を提示されます。ベネディクトさんは日本のそうした国情に「気づいていなかった」のです（17頁）。

こうした多くの話題から本書の関心に関わるものだけに絞るとしますと、鈴木さんによれば、日本人における真の父性の欠如の原因は、武士も含め日本人全体が「農耕民族」として生きてきたことにあります。この国で「戦争」といっても、それは「生きるか死ぬか」の戦いではなく、仲間内の「権力争いにすぎ」ません。斬首されるのは敗軍の将だけで、兵士たちは争いが終われば「自分の家族のもとに帰」ることができます。たとえ農作物が不作でも「それは自分の責任ではなく、天気のせい」です。「村八分」だけを「極端に恐れる」場では――これがあの「場」ですが――「個人としての主体的な自我は発達しないまま、脆さ、弱さをこそ温存」してきたのです（29〜32頁）。

ですから、黒澤 明監督の『七人の侍』（一九五四年）を見た日本人は、「自分を強いと思いたがる」

その気質から、「自分を侍の側に置き、喝采を叫」びたがるのですが、本当は「作物も女房も野武士に奪われ」ても「自分の力では戦うことを」せず、「腹いっぱいメシを食わせるだけ」の条件で雇った「七人の侍」に守ってもらおうとする、「ずるくて、悪賢くて、自分のことしか考えていない」農民のほうに近い民族なのです（これは黒沢監督が三船敏郎演じる農民上がりの侍に言わせた台詞でした）。

もう一点、本書の関心に関わる鈴木さんの日本人論評は、この国における「年配者」による「若者」の支配の当然視という傾向です。例えば、日本では「若者が年配者のために労を厭わないのは当然で……特攻隊にしろ、仇討ちにしろ、この国では若者を犠牲にすることに何の躊躇もみせない」と言われます（89〜90頁）。「特攻隊」のことは説明不要でしょうが、子どもにとっては命がけの「親の仇討ち」も規範化されて子どもに強要されるのは理不尽だということです。日本人に見られるこうした傾向への鈴木さんの洞察には深いものがあります。

さて、鈴木さんは『老人と海』のアーネスト・ヘミングウェイや『白鯨』のハーマン・メルヴィルなどの作家を挙げ、これらの「作家の中に、こうあれかしという自分の願望を見た。日本文学の女性性、あるいはすべてを包み込んでしまう母性性が僕自身の中に強く残っているからこそ、厳しい世界に敢然と立ち向かっていく気概を身につけたい、身につけなければと意識してきたのだ」（79

〜80頁）と言われます。これが鈴木さんの日本人男性としての「父性性」「男性性」の「創出」（209頁）の姿勢なのです。私も賛成です！

と言いましても、これは父権社会としての西洋に対する単純な礼賛ではありません。鈴木さん自身、今の言葉に続けて、「要はバランスの問題である。日本文学にはない男性性と、日本文学が持つ母性性、それを融合させた作品を、僕は書きたかった」（80頁）と言われています。

私も、実は、「母性社会日本」に無自覚にドップリと浸かってきたほうだと思っております。ということは、その「良さ」は私にとっても自明の前提だということですが、その上で、河合さんが指摘されたような「永遠の少年」性を克服する努力が肝心だと考えるのです。

1 河合隼雄「『父性の復権』などできない」、『文藝春秋』（一九九七年一〇月号）。
2 林 道義「河合隼雄氏への反論『父性の復権』はできる！」、『諸君！』（一九九七年一二月号）。
3 船曳『「日本人論」再考』、90頁。
4 古代日本の「母系遺存」と「婿入婚」の事実と実態を主として『新撰姓氏録』に基づく文献学的系譜学的方法で近代的な研究として提示されたのが、民俗学者であり詩人でもあった高群逸江《たかむれいつえ》さんの『母系制の研究』上・下（恒星社厚生閣、一九三六年、講談社、一九七九年）および『婿入婚の研究』（大日本雄弁会講談社、一九五四年）でした。婿入婚に関する日本人の知見は明示的には本居宣長『古事記伝』や彼の門人平田篤胤の『古代史徴』で確認できますが、高群さんはそれをあらためて体系的な研究にまで仕上げられたわけです。暉峻さんもそうした研究業績に負いながら『日本人の愛と性』をしるされたと思われますが、その筆致はきわめて明快で要点を衝くものでしたので、本章では暉峻さんを多く参照しております。

第八章　母子の情愛――阿闍世コンプレックス――小此木啓吾 他

本章で取り上げますのは、「阿闍世《あじゃせ》コンプレックス論」と呼ばれる日本発の精神分析理論です。これは、古澤《こさわ》平作さん（1897~1968）、小此木《おこのぎ》啓吾さん（1930~2003）、そして北山 修さん（1916~）という三世代の日本人精神医学者により七〇年をかけて完成された理論です。小此木さんはこれを、あのフロイトの有名な「エディプス・コンプレックス」論が西洋的父性原理に基づいて確立された精神分析理論だとすれば、その対極にありそれに匹敵するような、日本的母性原理に基づく理論であると、自己評価しておられます。

この理論の集大成としての小此木啓吾・北山 修編『阿闍世コンプレックス』（創元社、二〇〇一年。本章における引用頁数は、他の注記以外は、すべて同書から）という著作の冒頭で、小此木さんは、「韋提希《いだいけ》と阿闍世《あじゃせ》の二者心理学的な相互関係論を普遍的なものとして語る現代精神分析関係論」と、

「母親の葛藤と幻想の赤ん坊の世代間伝達の研究」という、「二つの精神分析の流れを私なりに理論的かつ臨床的に消化することで……阿闍世コンプレックス論を一つの精神分析理論として形づくることができたように思う」（iii。傍点は私）と述べておられます。

ここにもうすでに精神分析学の専門用語が飛び交っており、これを門外漢の私が十分に咀嚼《そしゃく》してご紹介できるかというと、それほどの自信はないのですが、日本人に特徴的な母子関係を発想の基点とするきわめて興味深い、しかも世界の精神医学界で認知されてきた理論でもありますから、以下、精一杯、お伝えしてみたいと思います。私のレヴェルでご紹介することで、読者には今後の探求のきっかけにしていただきたいと思います。高校生時代に『現代のエスプリ』という雑誌でこの研究を知り、自分なりに非常な関心を覚えたことを思い出します。

母性社会日本発の精神分析理論

まず、阿闍世コンプレックス論の理論部分から始めましょう。古澤さんは東北大医学部教授として一九三二年に三五歳で「ウィーン精神分析研究所」に留学し、そこで論文「罪悪意識の二種 —— 阿闍世コンプレックス」をフロイトに提出し、翌年には帰国、一九七〇年代に没されるまで、精神分析の治療と理論の展開に没頭されました。

古澤さんの生涯のテーマは、「子どもの母親に対する……口愛的なサディズム」（5頁）すなわち「生命の本源たる『母』を噛み砕くこと」（80頁）と、これに相対する「母性的な治療者の役割」ということでした。それを古澤さんは、日本的な「文化的特性」を帯びた患者のための、これまた自身の日本的な「宗教的文化的心性」に基づく治療理論として、掘り下げられました（5頁）。

この理論の根源的インスピレーションは次のような古代インドの王子阿闍世による父王殺しの物語から来ています。すなわち、阿闍世は釈迦の法敵提婆達多《だいばだった》に帰依し、これにそそのかされて父王頻婆沙羅《びんばしゃら》を殺害、母韋提希をも幽閉して、王位に就くのですが、その罪への深い後悔に陥り、全身に熱と瘡《かさ》を帯びて苦しみます。そのとき、「釈尊のところに行き、救いを得よ」との亡き父王の声を聞き、そうしたところ、「阿闍世王の罪は諸仏も負う罪。王を仏陀はかならず救う」との赦しの言葉を得て、熱心な仏教徒となり、第一回の仏説結集にも貢献した、というのが「阿闍世物語」です（89頁他）。

この物語は、『涅槃経《ねはんぎょう》』の「梵行品《ぼんぎょうぼん》」や「迦葉品《かしょうぼん》」、また「浄土三部経」中の『観無量寿経』、その解説書『観教疏《かんぎょうしょ》』、さらに親鸞の主著『教行信証《きょうぎょうしんしょう》』といった仏典にもしるされています。そして、小澤さんがそれらを参照しつつ改作されたのが、いわゆる「古澤版 阿闍世物語」でした。その変更のポイントは、元来息子による父親殺害としての「父－息子関係を主題とした」物語を、「母－息子関係の文脈」において改作する、ということでした（300頁）。

しかし、小此木さんから見れば、これは古澤さんの本来の意図に沿う形で完成された物語ではありませんでした。そこで、小此木さんが、母韋提希の息子阿闍世に対する苦悩からの彼女の救済について語った唯一の仏典『観無量寿経』に依りながら完成されたのが、「古澤－小此木版 阿闍世物語」です。

古澤－小此木版「阿闍世物語」

その完成形の要約（6～7頁。96頁参照）をさらに私が要約したものが、以下です。以下のうち、とくに最後の＊印の二段落が、古澤版にはなかった、小此木さんによる『観無量寿経』からの翻案としての加筆部分です（8頁）。

・韋提希《いだいけ》は古代インドの王頻婆沙羅の后、阿闍世《あじゃせ》はその息子であった。

・韋提希は容色の衰えゆえに王の愛を失うのを恐れ、王子を欲し、預言者に相談したところ、森の仙人が三年後に亡くなり生まれ変わって自らの胎に宿る、と告げられた。しかし、不安で三年も待ちきれず、その仙人を殺させ、阿闍世を身ごもった。だが、その仙人は、死ぬ間際、「王子に生まれ変わった自分は、いつか父王を殺す」という呪いの言葉を残した。こうして、阿闍世は誕生以前に一度は殺された子であった。

・韋提希は、身ごもってはみたものの、お腹の中の子の怨みすなわち仙人の呪いが恐ろしくなり、生んだ子を殺そうと高い塔から落とした。しかし、阿闍世は小指を骨折しただけで、生き延びた。「阿闍世」（サンスクリット語でAjatasatru）という名は、「折れた指」と「未生怨」すなわち誕生以前から母に抱いた怨念という、両方の意味をもつ。
・阿闍世は健やかに育ち思春期を迎えたが、そのとき提婆達多から「お前の小指が折れているのは、母がお前を殺そうと塔から落としたからだ」と告げられ、自分の出生の秘密を知り、それまで理想化してきた母を殺そうとする。しかし、その罪悪感から流注《るちゅう》という腫れ物に苦しむ。
＊そのとき、悪臭を放って誰も近づかなくなった阿闍世を看病したのが、ほかならぬ韋提希その人であった。しかし、この母による看病もいっこうに効果はなかった。
＊そこで、韋提希は、「世尊に申しあげます。私は前世でどんな罪があったために、このような悪い子を生んだのでしょうか」と釈迦に悩みを訴え、救いを求めた。そして、この釈迦との対話をとおして自らの葛藤を洞察した韋提希が、あらためて阿闍世を看病すると、今度は彼の病も癒え、やがて阿闍世は世に名君と謳われる王となった。

ご覧のとおり、この「古澤－小此木版 阿闍世物語」は父子物語から母子物語に転換されています。そしてこの母子物語を土台にして、古澤さんがフロイトに訴えようとされたのが、小此木さんによれば、「〔母親への〕近親相姦願望と父親殺しをテーマとするエディプス・コンプレックス」論に対して、「母親殺しと未生怨 prenatal rancor」という「独自」のテーマを展開した「阿闍世コンプレックス」論でした（10頁）。古澤さん自身の言葉では、「母を愛するが故に父を殺害せんとする欲望傾向」に対して「母を愛するが故に母を殺害せんとする欲望傾向」（80頁）であり、エディプス・コンプレックス論よりも「もっと本質的な自己の出生の由来……生命の根源である自己の成り立ちに関するコンプレックス」（9～10頁）論です。

古澤さんのこうした「阿闍世物語」の改作の背景には、自身と「自己犠牲的な〔実の〕母親」（46頁）との特別な関係や、また「浄土真宗の教えを自分のもの」（ⅷ頁）とした自ら「熱心な親鸞信者であった」（61頁）その姿などが考えられます。それらの影響で、古澤さんの心のうちにこのような母子物語が出来上がったのです。

罪とゆるしの相互関係論による精神分析療法

しかし、フロイト自身はこの論文にあまり興味を示しませんでした。小此木さんによれば、その理由として次の二点が考えられます。すなわち、古澤さんが自分とフロイトの「違い」として「強調したかった」のは、「一人の人間の心の中の推移……の心的現象」というのではない、「相手からゆるされる、ゆるされ体験という相互関係を必須のもの」とする「真の自発的な罪悪感」ということでしたが、フロイト自身も「処罰型罪悪感」から区別して、古澤さんの言う「自発的罪悪感」につながる「悔やみ型罪悪感」をすでに指摘していた、ということが一つです。さらに、二つ目の理由として、「この種の相互関係論的」な「罪悪感」ということを、古澤さんも当該論文では「うまく言葉にできなかった」ということがありました。大きく言えば、そうした「視座」そのものが当時の精神分析学界にはいまだ十分に確立されていなかったのです。それが「フロイトはもちろん、当時の精神分析理論の限界」でした（13頁）。

しかし、小此木さんによれば、フロイトが解釈したようなエディプス神話では、すべてが「決定論的」な「悲劇」として「固定され」、罪はあくまで罪として残り、罰も永久の罰として「実体化され」るために、そこには「永久に救いがない」（42頁）ということになるのに対し、古澤さんが真に主張したかったのは、「懺悔心＝自発的罪悪感が、罪を犯したその相手からのゆるしを媒介にして起こる」という、「たしかにフロイトの精神分析には見出しえない」ような事態でした（41頁）。すなわち、韋提希－阿闍世の世界では、母子それぞれの罪も、釈尊によりその「限りない因果関係を悟」らせられることにより、「責められるべき筋合いのものではない」ことが説かれ、相互が赦し合い、救いが可能となるわけです。子に殺されてもなお子の救いを願うあの父王のイメージもそこに含まれます（43頁）。

以上のように古澤さんの真意を斟酌《しんしゃく》すれば、そうした「罪悪感論のフロイトに対する主張とともに、罪を許す立場に立つ治療者の機能の強調」も浮かび上がり、「日本的対人関係論の反映」（41頁）でありつつなお普遍性をもつような、精神分析療法への視界が開けてくるのです。小此木さんがあの韋提希の看病物語の部分を加えられたのもそうした観点からであり、そのようにして『観無量寿経』への精神分析の視野を広げるためでした（13頁）。
さて、こうした見方が治療法に反映させられるとき、そこには当然、従来とは異なる視野が開けてきます。小此木さんはこの「阿闍世コンプレックス論」の治療への適用例を幾つか報告しておられますが、その一つだけを、これも要約して以下にご紹介します。父ではなく母に対する、子のコンプレックスを扱った典型的臨床例と思われるからです。なお、ここで、先ほど言及した「未生怨《みしょうおん》」(natal rancor) という不思議な概念の具体的な中味がわかってきます。

母親の子どもへの葛藤の世代間伝達　それは、母親の「子どもを持つことについての葛藤の世代間伝達」とも言うべき、以下のような治療例です（17〜24頁）。

母Y子は長女が三歳で長男が一歳になった頃から不眠に陥り、長女を殺したいとさえ思うようになった。娘が彼女が嫌いな子どもの頃の自分に似てきたと思えたからである。こうして治療が始まったが、そのときまでY子は家で虐げられてきた自身の母T子に同情し、いつ母が自殺してしまうかと心配するほど、母と一体化していた。

しかし、治療が進むにつれ、この母親さえいなくなれば心の負担が軽くなるのにという気持ちが一方にあり、またいつも自分が弟に比べ母に邪険に冷たく扱われてきたことに気づいた。この弟が生まれて母は跡継ぎを生んだ嫁として家では安定した存在になり、その分、姑からのいびりの恨みをY子に向けていた。治療でこのような状況に気づくようになり、お母さんがそんなに不幸なら、どうして私を無理に産んだのだろう、私がいなければよかったんだと、「未生怨」を口にするようになった。こうして、Y子の長女への態度は、母T子の自分への態度が伝達されたものということがわかってきた。

他方、同時に治療を受けていたT子が、Y子の出生の秘密を語り始めた。T子は高い家柄の家庭に嫁いだ。夫は家庭を顧みず、T子はこの結婚を後悔したが、別れる決意はできず、子をつくれば跡継ぎを生んだということで家での立場もしっかりするのではと思った。ところが、この家には精神病者が何人も出ているということを耳にした。そのときすでに身ごもっていたのがY子であった。そのまま出産して留まるか、中絶して実家に帰るか悩んだが、しかしここでもその決断の時機を失し、生まれたのがY子であった。生まれてからはいつこの子がおかしくなるかと気が狂うほどで、夫と争い姑にいじめられるたびにY子を恨んだ。そのせいかY子はとても不安な子となり、幼いときから母T子のことを気遣った。ところが、跡継ぎとしての長男が生まれると自分への周囲の扱いもにわかによくなり、T子は子宝と玉の輿の実感がもてた。と同時に、Y子が煩わしくなった。

以上は、治療経過の諸要点のみですが、そこに、母への一体化と怨念との葛藤に悩む阿闍世とY

子との類比が、また祝福されるべき子の出産の背後に母のエゴイズムを隠しもった韋提希とT子との類比が、確認できます。Y子のT子への「未生怨」も、T子のY子を生むか生まないかの葛藤も、治療時までは二人の心のうちに抑圧され隠されていたのですが、治療者との対話によってそれが本人たちに自覚されて語り出され、結果、二者間の相互理解と赦しが成り立ち、二人の治療は無事終了したのでした。

以下に引用しますのは、以上のような治療例を可能にした、阿闍世コンプレックス論の宗教的基盤としての『観無量寿経』に対する、アメリカの代表的な児童精神分析家P・タイソン女史による評価の言葉です。

「現代においてもなお、女性にとって妊娠は何か運命的な力を持った体験である。母性特有のこの苦悩についてこんなに昔からその救いを説いている宗教があったということを知り、一人の女性として自分は感謝の気持ちを捧げたい。西洋ではこのような考えを語った宗教を知らない」（二〇〇一年七月、国際精神分析協会ニース大会）（135頁）。

私自身がこの治療例から想起させられたのは、児童虐待におけるいわゆる「連鎖」の現象でした。近年、児童を虐待した親の7割が、自身、親からの虐待の被害者であったという報告がなされています。そこに子の母への「未生怨」という概念がどう適用されるのかまでは考えが及びませんが、虐待の連鎖の構造はこの例でよく説明されるように思います。

また、自分自身の複雑で悲惨な母娘関係を披歴したコレット・ダウリングのベストセラー『パーフェクト・ウーマン』（一九八八年）を瀬戸内寂聴さんが『母と娘という関係』（一九九四年）と題して監訳されたことも思い起こしました。[1] 瀬戸内さんは、多くの相談者のためだけでなく、ご自身の人生にも関わる事柄として、この邦訳を試みられたのではないかと推測しております。

古澤の阿闍世とクラインのオレステス——母性原理と父性原理

小此木さんは、以上のタイソンさんの評価にも言及しつつ、阿闍世コンプレックス論は「父性原理世界」に対して「比較文化論的に、母性原理世界」の意義を示しうると言われます（323頁）。古澤さんもその母子関係論を多く参照された精神分析学者メラニー・クライン女史は、アイスキュロス作『オレスティア』における息子オレステスによる母クリュタイメーストラの殺害物語を分析されましたが、その解釈と、阿闍世コンプレックス論とを比較すると、息子による母親殺害という同種の物語であるにもかかわらず、二つの文化世界の相違が明白になるのです。

まず、「オレステス物語」の粗筋はこうです。

オレステスの父アガメムノーンがトロイを陥落させ凱旋すると、母クリュタイメーストラは偽りの歓迎をし、彼を油断させて、斧で殺害します。彼女はアガメムノーンの宿敵アイギストスと情を通じ、夫への恨みのゆえに、二人で彼を謀殺したのでした。しかし、これで権力を握り傲慢になった母を、今度はこの母に追放された息子オレステスが父の仇討ちと王位継承という正義のために帰還し、情夫ともども殺害します。

そのとき、この母は息子の前に乳房をさらけ出し、「お前はこの乳房で育ったのだよ」と命乞いをし、オレステスは一瞬ためらうのですが、「正義は母への愛も超えねばならぬ」と友人に勇気づけられ、母をも殺すのです。そののち彼は母殺しの罪悪感で錯乱し、王位からも遠ざけられますが、正義の女神アテナの執り成しを得、アレオパゴスでの裁判でも母親殺害の正当性が認められ、ついに統治者として承認されたのでした。

小此木さんによれば、類似した父－子物語であったギリシアのオレステス物語とインドの阿闍世物語からクラインさんも古澤さんも母子関係を読み出された点で興味深いわけですが（294～301頁）、しかし、かえってそのことが両者がそれぞれ異なる分析結果を得ている対照性を引き立たせます。

すなわち、クラインさんもクリュタイメーストラの胎内にあったオレステスの自分への母の殺意の空想や（310頁）、母親殺害後の彼の罪悪感（311頁）に注目はしておられます。これらは阿闍世の母への未生怨、母幽閉への慙愧の念に対応するものです。しかし、クラインさんにおいては、古澤さんにおけるように、以上のような要素における「母性的なるもの」の肯定的な役割、すなわち苦悩するオレステスに寄り添い「やさしく……救いの道を示唆してくれる」(325頁)母の姿への洞察はありません。また、クリュタイメーストラの乳房をさらしてのオレステスへの命乞いは実は母による子の「呑み込み」であり、その際の彼の一瞬の躊躇は「生命の本源たる母」(古澤)の破壊へのためらいなのですが(328頁)、しかし、小此木さんによれば、クラインさんは「このように否定的な形での『母なるもの』さえも、オレステス物語に見出していない」(329頁)のです。

こうして、古澤さんの場合、「被害を受けた当事者と加害者＝罪を犯した本人との相互関係論が、その〔精神分析〕理論の基本的方向づけ」をなすのに対し、クラインさんの場合は、「その理論的枠組みは、加害を加えた本人の主観的体験の推移のみに限定され」、「その意味で、古澤の世界には相手からのゆるしがあるが、クラインの世界には『相手からのゆるし』とか『ゆるす相手』はそもそも存在しない」わけです(321頁)。そして、そうなるのは、クラインさんの解釈が「父性原理に準拠して」おり、その「精神分析理論には……『母性的なもの』は存在しない」からに他なりません(329頁)。そこで重要なのは、「殺害した母親自身のゆるしを得ることではなく、アレオパゴスでの裁判によって、母親殺害行為の正当性(罪でないこと)を判決してもらうこと」(321頁)なのです。

この背景には、精神分析学的に言えば、フロイト的なエディプス・コンプレックス論があり、世界観的に言えば、より低次な復讐《タリオン》原理からより公的で普遍的な父性原理的な法と秩序への進歩を評価する哲学があります（321頁）。小此木さんによれば、フロイト自身がオレステスの母親殺害を「感性」的な「母権制的社会」から「精神性」的な「父権性的社会」への「革命」的な「文化の進歩」をしるすものとして解釈していました（302頁）。

しかし、小此木さんの同僚で日本精神分析学会会長の西園昌久さん（1928～）によれば、フロイト理論が脚光を浴びた二十世紀初頭は「旧体制の崩壊と教会の弱体化が相対的に家庭内での父親の存在をうかびあがらせ」ていた時代であったのに対し、「今日では男性・父性の無力化が相対的に母親の地位を高め」ており、「臨床的にも治療対象は神経症から人格障害へと比重が移動して」います。つまり、これはある意味で「人類の危機」の時代なのであり、「父性原理から母性原理への変化」も、「西欧の精神分析家たちの阿闍世コンプレックスへの関心も」、あるいは「過去を正直に思い」出させることから「自由に話したいことを話」させ「抱きかかえる」「自由連想法」への精神分析治療法の移行も、この危機への「文明的対応」と言えるのです（64～66頁）。この西園さんの時代分析の視野において、日本発の精神分析理論としての「阿闍世コンプレックス論」の現代的意義が見えてきます。

阿闍世コンプレックス論に潜む問題点

以上、いろいろと述べましたが、これが古澤さん、小此木さん、北山さんという師弟によって展開され、現在では世界の精神医学界で市民権を得つつある、日本的母性への洞察を土台とした「阿闍世コンプレックス論」の概要です。

しかし、本書では、日本的母性の美点は自明の前提であり、むしろその弱点を知って、「日本的なるもの」を批判的に検討しようというのが本来の願いですから、「阿闍世コンプレックス論」の問題点も、二点ほど指摘しておきたいと思います。

東洋的罪悪感防衛機制　その第一は、罪悪感の「防衛機制」すなわち罪悪感を感じないように無意識に身構えるという人間の性向に関係します。小此木さんは、日本人精神分析家を多く育てられた在米のチリ人精神科医ラモン・ガンザレインさんの「阿闍世コンプレックスに含まれる種々の罪悪感」という論文を、わざわざ自ら翻訳し、『阿闍世コンプレックス』に掲載されました。

その理由は、ガンザレインさんが、「キリスト教徒」として、「この〔阿闍世〕物語は東洋的な罪悪感の防衛機制から成り立っている」と端的に指摘されるからです。それは「ともすると日本人に理想化されている」「親鸞などに代表される罪の絶対的な救いの世界」やそれに随伴する「日本的心性」への警告でもあります。つまり、小此木さんは、こうした指摘を、「この物語における救いの話を……理想化して、肯定するような……受け取り方が身についている」「仏教徒」としての自分への自戒としておられるのです（52頁）。

ガンザレインさんは、「阿闍世物語」では、登場人物たちの罪の「限りない因果関係」が悟らせられるだけ、その罪への個々人の責任感が限りなく薄められていく、と言われます。

「誰か他人とその罪を共有することは、自分自身の責任に免罪を与えます」。

「恨みや怒りを合理づけることを通して、人は殺人が悪いことであるよりはむしろ、正当なものだというふうに感じることができるようになります」(155頁)。

あの物語の人物たちはみな誰かとともにこの罪の企てと実行に関わっており、究極には釈迦自身が阿闍世に対し、父を王にしたこの私に一連の出来事の出発点がある、と告げますから、それによって「すべての人に罪がある」という構図になってしまう、というわけです。早い話が、「連帯責任は無責任」、「赤信号、みんなで渡れば恐くない」という、あるいは「なあなあ、まあまあの、もたれ合い」、「傷のなめ合い」という、日本人にはお馴染みの、あの倫理的低次元の世界に傾きやすい、ということでしょう。

ここで、キリスト教の立場から一言しますと、キリスト教の神の場合には、神が愛をもって万人をその罪から救い出すという点では「罪の絶対的な救い」を宣言する釈迦の働きと変わらないのですが、そこにこの罪の償いを神の子キリストが自らの犠牲をもって行なったという内実がある、という点です。私がすべて悪かった、私に免じてすべて赦してくれ、そうすれば、あなた方もすべて赦されることになる、という最高存在たる釈尊の宣言ですべて終わり、というわけではないのです。罪の贖いとしての神の独り子の犠牲の死という内実があります。そして、罪を赦された者はその新生においてかの内実に応答していくという倫理的責任が期待されるのです。

山本七平さんが『日本人とユダヤ人』で指摘された、日本におけるあの伝統的な「全員一致」という決議の慣習も、敗戦直後に内閣情報局総裁が旗振りして日本全体に流布させた「一億総懺悔」のキャンペーンも、実はその内奥に上述のような「日本的心性」の弱点を抱え込んでいる文化的倫理的現象なのだということを、心しておきたいと思います。

日本的マゾヒズム的母性　阿闍世コンプレックス論のもう一つの問題点は、古澤さんが追求し実践された「母性的な治療者」像に対する小此木さん自身による批判に関わっています。それを小此木さんは「古澤における自己犠牲とマゾヒズム的な母の理想化」（43頁）と呼んでおられます。

小此木さんは、古澤さんが、明法房《みょうほうぼう》（1184~1251）という人物が初め親鸞の暗殺を企てていたが、親鸞に直に会い、その温容に触れて回心し、彼の良い弟子となった話を挙げ、「これこそ日本的な精神分析の治療観の真髄」と説いておられる下りを指摘し、小此木としては「この場合の〔親鸞から明法房への〕ゆるしは必ずしもマゾヒズム的なものではなく、むしろ愛とか慈悲、ひいては高い悟りの境地によるもの」と考えるが、「古澤が言葉で語っているゆるしの内容は、この私の理解とかなりその質を異にする」（43～44頁）と述べ、古澤さんの次の言葉を批判的に取り上げておられます。

「飽くなき子どもの殺人傾向が親の自己犠牲にとろかされてはじめて、子どもの罪意識が生じる状態」（44頁。76頁も参照。傍点は私）。

小此木さんによれば、「ここで古澤が強く強調したかったのは、自己犠牲的な母親像」（45頁）であり、精神分析治療における「自己犠牲――とろかし論」（47頁）でした。しかし、小此木さんによれば、古澤さんのこの「自己犠牲的な母親」的治療者像と、『観無量寿経』が示す、「釈迦との出会いによって自らの息子との葛藤……罪そのものについて悟り＝洞察を得て再び〔阿闍世を〕看病する」韋提希をモデルとする治療者とでは、「重要な違いがある」のです（44頁）。

問題は、精神分析治療における「ゆるし」の概念と「ゆるす者」としての治療者観に関わります。小此木さんによれば、古澤さんは「自分を食べさせて子どもを支える母、口愛《こうあい》的に母を食べてしまおうとする子どものその口愛サディズムをゆるすマゾヒズム的な母親というイメージ」を「治療者」としての自分に「理想化して」おられました（45頁）。

これに対する小此木さんの批判は、患者が自由に話すことに、平等感をもって受身と中立の態度で耳を傾ける「自由連想法《フリー・アソシエーション》」という治療の「本質」の確認自体にあります。そこでの「ゆるし」とは、『観無量寿経』で言えば、治療者が古澤さんのように「釈迦＝超自我」そのものとなって患者に与えるものではなく、その釈迦との出会いをとおして「悟りによる母の心的成熟」を得た韋提希の、あの成熟自体に達することから出てくるものなのです。換言すれば、精神分析治療における「ゆるし」とは、患者が、韋提希的治療者の「中立的、つまり、善悪を超えて患者の連想を聞いて、ほめることも叱ることも責めることも咎めることもしない態度で、自分の心を受容される体験」のことなのです（47頁）。

古澤さん流のマゾヒズム的母親像は「日本人的マゾヒズム的対人関係」の母胎でもあります。「そこでは、ゆるされることによって子分にさせられたり、恩を一生返さなければならなくなったりする日本的マゾヒストたち」が再生産されます（48頁）。こうした母親は、一方では口愛サディズム的な子どもに自己犠牲的に呑み込まれるのですが、しかし他方ではまた、子どもを呑み込んで離さない恐ろしいウロボロスともなるのです。要するに、この母親像の疎ましい欠点は日本語の表現では「恩着せがましさ」ということでしょう。小此木さんは、この関連で、古澤さんとあの『甘えの構造』の土居健郎さんとの関係を明かしておられます。

「古澤には自分が誠心誠意世話したつもりの土居健郎の家出や忘恩を、心の傷つきに耐えながらすべてゆるしたという気持ちがあった。土居にしてみると、そのように恩を着せられ、のみ込まれる日本的な束縛からの解放こそ、精神分析家としての自己の確立の課題であった。一九五〇年代の両者のそういう状況は、私にはとてもつらい光景であった。半ば土居を責め半ば土居の心情（未生怨）に共感しながら、である」（48頁。傍点は私）。

ここで小此木さんが言われる「家出」はメタフォリカルな意味であって、土居さんが古澤さんと一つ屋根の下に暮らす関係であったというようなことではありません。そうではなく、あくまでも学問上のお二人の関係を言い表わそうとする表現です。しかし、まさにその意味で、土居さんが古澤さんに対してある種の「未生怨」的なものを感じ、そのために恩師から袂を分かたれる、その学問的な家元から離れる、ということが起こったようです。[2]

以上、精神分析治療における普遍的有効性につながりうるゆえに、そのローカルな良さも自覚しうる、日本的母性原理に基づく「阿闍世コンプレックス」論を、私なりに跡づけてきました。

見ましたように、感性的母性原理社会から合理的父性原理社会への移行を人類の「進歩」と見なす現代世界を覆う西洋発の一つの見解があります。しかし、母性・女性もまた父性・男性と並んで「人間の本性」を構成する重要要素であり、それらは必ず相互補完的な役割を与えられているはずで、現代の世界史的動向きからすれば、西園さんが言われるように、精神分析の分野においても、父性原理中心の傾向の欠陥を補う、日本的母性的な「阿闍世コンプレックス」論の必然性が承認されてきた、ということでしょう。

しかし、そうしたことを聞きつけると、「ほら、見ろ、日本人はやっぱりいいんだ。日本の良さを世界の人にも知ってもらわなきゃ」と、単純に喜ぶのみならず、それを意識過剰にかつごうとする方々がこの国にはおられます。けれども、私などは、自分も含めてマザコンどっぷりのこの日本社会で、もうすこしサッパリ、スッキリの父性原理の良い部分を味わってみたいものだ、というのが本音で、日本人はようやくそうしたものに目覚めつつある、というのが、日本史の観点からは言えることではないでしょうか。とくにそれを社会の規範や制度の面でしっかりと実現していくことが求められているのではないか、と思います。

さて、そこで、以下では、たまたま先ほどの小此木さんの指摘にも登場された、精神分析医の土居さんのあの「日本人の甘え」の議論を私なりに追い、そこから日本的な親子間、母子間の情愛の心性を母胎とした日本人の社会倫理規範の問題点を明らかにしてみたいと思います。

1　ダウリングの原著は Collete Dawling, *Perfect Woman* (William Collins Sons & Company, 1988)。邦訳書は、瀬戸内寂聴監訳『母と娘という関係』(三笠書房、一九九四年)。

2　この件で北山 修先生にお尋ねし、そのようにご示唆を頂きました。

第九章　母子の情愛――「甘え」の構造――土居健郎 他

山本七平さんのいわゆる「日本教」の究極の内実が「母子の情愛」であるという確信をもって、先の二章ではそのことを明らかにしてくれていると思われる二人の日本人精神医学者の説をご紹介しました。本章ではそうした説のいわば決定版とも言いうる精神医学者土居健郎さんの説を跡づけてみたいと思います。土居さんの『「甘え」の構造』（弘文堂、一九七一年）とその後の著作にも触れます。

一九六七年に出版された文化人類学者中根千枝さんの『タテ社会の人間関係――単一社会の理論』（講談社）は日本人どうしが結ぶ「タテ」の人間関係に注目し、それが織り成す日本社会固有の諸現象もわかりやすく説明してくれた、日本人論にとって欠かせない重要な文献です。しかし、中根さんの研究はその関係の形式的構造の説明には長けていても、その関係の内奥にまで迫ってはいないのではないかというのが、私の率直な感想です。その点で、土居さんの「甘え」の議論には日本人の心に訴えてその内奥まで見通させるものがたしかにあるように思われます。

そこで、土居さんの日本人論に入っていきますが、土居さんは上述の『「甘え」の構造』以後も「甘え」をめぐる書物を書き続けられ、『「甘え」の構造』出版三〇年周年の二〇〇一年には『続「甘え」の構造』を出されています（以下、本章では、他の注記以外は、これら二冊を『構造』、『続』として引用します）。それも含め、土居さんの「甘え」関連著作は何と一〇冊を数えています。それだけ日本人の「甘え」をめぐる読書需要は引きも切らなかったということでしょう。

そして、土居さんは、『続』では「『甘え』概念についての吟味がたりなかった」とは仰っておられますが、私の見るところ、その日本人の「甘え」のとらえ方は最初から一貫して変化してはいません。そこで、まず、上記デビュー作における「甘え」の定義から、土居さんとの対論を始めていきたいと思います。

母子関係における「甘え」の定義　『構造』にあり、『続』でも繰り返される、その定義は、以下のごとくです。すなわち、

「甘えとは、乳児の精神がある程度発達して、母親が自分とは別の存在であることを知覚した後に、その母親を求めることを指していう言葉である。……その別の存在である母親が自分

に欠くべからざるものであることを感じて母親に密着することを求めることが甘えである」（『構造』、81頁。『続』、105頁）。

土居さんは、「甘えは本来乳幼児の母親に対する感情として起きると考えられる」（『構造』、13頁）、とも言われます。

要するに、土居さんは、こうして、「甘え」のまさに母胎が「母子関係」にあるということを指摘しておられるのです。このことは本書にとってはきわめて重要です。なぜなら、このように「甘え」が「母子関係」をその出所としていると言われるのであれば、土居さんも実質的に「母子関係」こそが「甘え」の根源だと認めておられるということになるからです。土居さんも「日本教」の核心は「母子関係」であると証言しておられるわけです。

私自身はこの「母子関係」をより特定して「母子の情愛」と表現することが適切と考えておりますが、要するに、日本人の根本的な「民族特性」は「母子の情愛」における宗教的と言えるほどの心性すなわち「霊性」の重視にあるというのが、本書のテーゼです。

なお、以下、本章では、引用文であるために「親子関係」とか「親子の情愛」とそのまま表現する場合がありますが、その場合でも、私としてはそれを「母子関係」、「母子の情愛」と理解しているということをお断りしておきたいと思います。日本で親子の情愛と言った場合、根本は母子の情愛のことであるというのが、私の確信だからです。

甘えの広範な社会的適用　以上の第一点に続き、ただちに、土居さんの「甘え」をめぐる議論の第二の要点も確認しておかなければなりません。それは、以下のような指摘です。

「日本ではこのような親〔母〕子関係を理想的なものと見なし、それ以外の人間関係をすべてこの物差しではかる傾向が存するように思われる」（『構造』、33～34頁）。

「親〔母〕子の間に甘えが存するのは至極当然なことであるが、〔日本社会において〕それ以外の関係で相互の間に甘えが働く場合は、すべて親〔母〕子関係に準ずるか、あるいはそれと何らかのかかわりを持つ」（『構造』、35頁）。

以上の引用文は、先の「甘え」の定義で示された子どもの母親への甘えの態度が日本人の生活世界では他の人間関係にも広く適用されているという事実を指摘しているものです。土居さんは、『続』では、「甘え」とは「人間関係において相手の〔自分への〕好意をあてにして振舞うこと」（65頁）とも定義されていますが、ここでも「甘え」が母子関係から他の人間関係へと拡張されていることが前提されています。

ところで、先に山本さんが、『日本教徒』（一九七六年）において、ハビヤンは親子関係に基づく日本的「恩」倫理を社会全般の秩序の基本と考えた、と言われたことに触れましたが、「甘え」が日本人の人間関係を広く覆っているという土居さんの指摘も、この山本さんの解釈によるハビヤンの考え方に似通っています。というよりは、山本さんの見方は、「甘え」すなわち母子の情愛の関係こそが日本社会の他の人間関係に敷衍され適用されている、という土居さんの見方を大いに参照された結果ではないかとさえ思わせられます。

いずれにしても、これら土居さんや山本さんの指摘に依拠しつつ、本書が強調したいのは、日本社会では母子の情愛の関係がさまざまな人間関係にも適用され、そこに遍《あまね》く母子関係の類似形態が見届けられるゆえに、しかもそこでのこの「母子の情愛の関係」の「社会倫理的適用」には多くの問題があるゆえに、それをしっかりと是正すべき必要があるのではないか、ということです。ただ、その問題性をめぐる議論とその解決の方途については他日を期したいと思っておりますので、本章では、引き続き、土居さんの「甘え」の議論を跡づけてまいります。

さて、土居さんが「甘え」として指摘された母子の情愛の関係は、土居さんも「洋の東西を問わず」見届けられると言われますように、[1]「人間本性」の次元の普遍的な事柄でしょう。ですから、日本人に特徴的な「甘え」の現象も外国人の方々に理解不能な事柄ではないわけです。しかし、これを社会の他の人間関係にも広く適用するという点は、日本社会独自の現象であり、日本人がその文化の中で作り上げてきたいわば「歴史的形成物」です。伝統というものはそう簡単に変えられるものはありませんが、しかしまったく不変というわけでもなく、森さんが言われるように、人間の「意志」によって変革可能であり、また環境の変化に伴って是正していかなければならないものでもあります。このことが新しい日本人の形成のために是非とも必要であると、私は考えております。

甘えも母子関係に基づく一つの民族特性

土居さんの言われる「甘え」も「母子関係」をその棲家とする現象である、という私の見方について、もう少し説明しておきたいと思います。

船曳さんは、土居さんの『「甘え」の構造』が日本人の間に大きな影響を及ぼしすぎて、土居さん自身は「甘えにはたしかに困った点もあるが、本質的にはよいものである、と考えている」のに、日本人全般には「『甘え』はいけないのでは？」と「誤解」されて読まれてきた、と指摘しておられます。[2]

そして、さらに、「すでに『甘え』が一人歩きをしてしまって、土居自体がそれを抑えきれなくなって」いると言われます。そして、この土居さんのいわば「甘え」至上主義に対して、次のように警告しておられます。

「この『甘え』……を……これまで論じてきた日本社会の特徴、たとえば、ベネディクトの『恥の文化』、中根の『タテ社会』、阿部の『世間』に適用することはどうでしょう。甘えがそうした特徴の要素であると説明することは可能です。しかし、甘えがそうした社会システムに見られる、ということを、甘えがそうした社会システムを作りだしている原因だとすると、議論は単純化の誤りを招きます」[3]。

船曳さんによるこの土居さんの「甘え」批評への私の答は、それに賛同する大きな「イエス」と、否定する小さな「ノー」です。まず、なぜ大きな「イエス」なのかと言いますと、「甘え」も本質的には「恥の文化」とか「タテ社会」とか「世間」といった日本人の「民族特性」と同レヴェルの特性の一つだと考えるからです。私の見方では、これらはともに「母子の情愛の関係」を根源的母胎とした文化的現象ですから、相即的なものです。従って、船曳さんが、「甘え」が他の特性の「原因」とは言えないと仰ることは、私もそのとおりと思うのです。

しかし、私は、土居さんのこの「甘え」や、山本さんのあの「あくまで債務である恩」は、他の諸特性を「作りだしている原因」ではもちろんありませんが、日本人における母子の情愛から派生する文化的特性の中でもきわめて優勢な特性なのではないか、と思っております。双方とも母子の情愛にきわめて直結した要素なのではないかと思うのです。ここが船曳さんの指摘への私の小さな「ノー」です。

きわめて優勢な特性だからこそ、これだけ「甘え」に日本人がこだわり、土居さんの「甘え」論を読み続けるのだと思っておりますし、また、「債務としての恩」という規範は、日本社会においては深く潜在する形ではありますが、親子間では無制限の施恩・受恩として、他方、他人どうしでは「合理的貸借関係」としてきっちりと機能しているゆえに、脳死臓器移植と生体肝移植とでは、あれほどくっきりとした反応の違いを作り出しているのだ、と思っております。

以上は、私の日本人論の基本**命題A**が示す宗教的深層と文化的諸現象との関係に関わる議論でした。宗教的次元が文化的次元の根源であり、日本人の場合、「母子の情愛」が前者に当たり、「甘え」は後者の一つである、ということです。

しかし、これはこれとして、以下においては、土居さんの「甘え」論が提示する幾つかの興味深い点を取り上げ、それらについて私なりに自由に話を広げながら、述べてみたいと思います。日本人における母子の情愛から出てくる顕著な文化的心性にまつわる議論です。この心性《メンタリティ》が場合によっては日本社会が抱える深刻な社会倫理的問題の土壌となっていると私は考えております。

母性への甘えから出てくる同性愛的感情　そこで、まず、「同性愛的感情」ということに触れていきます。

前章で触れました西園さんは、世界の精神分析界への日本からの発信は現時点では土居さんの『甘えの構造』と小此木さんの『阿闍世コンプレックス論』が双璧で、いずれも人間の心の根源を形づくるものとして「母子関係」を重視している点が共通する、と評しておられます。[4]

前章では、その小此木さんが日本的母性原理に基づく阿闍世コンプレックス論をもって西洋的父性原理を基盤とするフロイト的なエディプス・コンプレックス論と対論しておられるのを見たわけですが、土居さんも、自分には「甘え概念が精神分析理論を理解する中心概念となったので、なぜフロイトがこれなしにすますことができたか不思議に思った」(『構造』、19頁)と述べておられます。

土居さんは西洋の精神分析学界ではほとんど唯一、自分の「甘え」に当たる概念を「『受身的対象愛』といういかめしい用語で表現しようとしている」(16頁)精神分析家として、マイケル・バリントさん(1896〜1970)とその著作を挙げておられます[5](25頁)。しかし、西洋全体としては「受身的愛情希求」への精神科医たちの意識は希薄であり、アメリカで彼らが「患者の隠れた甘え」とわかるものを「容易に感知しない」事実を目撃したことは、土居さんにとっては「文化的条件づけがいかに強固なものであるかということを……あらためて思い知らされた」経験でした(16頁)。

フロイトも「幼児的愛情希求」をそれほど重視はしなかったのですが、土居さんによれば、彼はそれを「同性愛的感情」として取りあげて論じています(19頁)。土居さんは、「同性愛的感情」というのは、「同性間で性的魅力を感じ、性的結合を志向する」という「狭義の同性愛」とは区別された、「同性間の感情的連なりが異性間のそれに比して優先する」という「広義」の場合——ここが重要ですが！——を指す、と言われます(134頁)。つまり、現実の同性愛でなくとも、同性間で互いが相手の自分への特別な好意を当てにするなら、それは土居さんに言わせれば「同性愛的感情」なのです。

そして、「同性愛的感情の本質は甘えである」と言えば「一番はっきりする」だろうと、例によって、論じられます（141頁）。この観点からすれば、例えば、歌舞伎十八番のあの「勧進帳」の「義経と弁慶のほとんどエロチックともいえる仲」（142頁）も、また夏目漱石の『こころ』の「先生」と「K」の関係も、この「同性愛感情」としてとらえられるのです（136〜140頁）。私などこんな『こころ』の解説に出会ったのは初めてで、最初は戸惑いましたが、しかし、これは日本文学であるならば一考に価する視点と思うようになりました。

同性愛的感情の本質も甘え

それはともかくとして、土居さんは「同性愛についてのフロイド［引用ママ］の理論を援用しながら」、「なぜ同性愛的感情の本質が甘えであるか」を説明されます。土居さんによれば、男性の同性愛者の成立過程に関するフロイト説は次のごとくです。すなわち、「彼は何らかの理由によって幼児期に母親に密着しているために、異性を求めねばならぬ時期に達しても、この密着を断ち切ることができない。その結果、彼は母親と同一化し、いわば自ら母親となって、自分と似た対象すなわち同性を愛するようになる」。

そこで、土居さんは、「とすると、同性愛は母親への密着の帰結ということになり、いいかえれば甘えの表現であるということになるではないか。実際同性愛者が相互に、ふつう容易には人に見せない甘えを出しあうことは、臨床的に知られた事実である」（傍点は私）と言われ、フロイト理論では「同性愛的感情」は重視はされたが、「同性愛的感情というだけでは……あまりにも漠として……そのままでは一つの概念として通用させ」られなかった、しかしそこに自分の「甘えという結構な概念」がある、と結論されるのです[6]（143〜144頁）。

私は精神分析学のことは詳しくはわかりません。以上の土居さんの議論だけを聞くと、フロイトによる女性の同性愛者の心理分析はどうなっているのか、それは父親との密着の帰結なのか、また、同性愛者一般に心理的要因のみならず身体的病理学的要因はないのかなど、素人的問いが次々に出てきますが、土居さんの説明はこれ以上はありませんので、そうした問いはここではさておくことにしましょう[7]。

ただ、以上の土居さんの指摘を受け止めれば、日本社会については次のように言うことができるのではないかと思われます。すなわち、この社会は母性的情愛が優勢で、女児も男児も総じて父親よりは母親への密着傾向がより強いわけですから、女性の場合には、暉峻さんが引用された万葉集の歌や、小此木さんのあの母娘間の子どもへの葛藤の伝達の臨床例が示すように、きわめて強い母子一体化――それが肯定的なものであれ否定的なものであれ――があり、男性の場合にもやはりそれが存在し——それが文化的特性としての「同性愛的感情」であれ現実の同性愛であれ——それらは文化的現象としてきわめて特徴的に現出するであろう、ということです。

日本社会における男性に潜在する母性的感情の顕在化　しかも、その場合、それらの現象の中でとくに目立つことになるのは、女性の場合よりも、男性に潜在する母性的女性的感情が顕在化する場合でしょう。

それに関連する話題として、日本人読者の方々には言わずもがなのことですが、最近、日本の芸能メディアで、自分が同性愛者であることを公けに告げて——つまり「カミング・アウト」して——活躍する男性のいわゆる芸能タレントさんが多くなりました。この傾向はここ四半世紀くらいのことでしょうか。そのことを考えていましたら、アメリカの芸能メディアにおいても、こちらは同性愛者でも女性のタレントさんがカミング・アウトして盛んに活躍していることに気がつきました。

私は、日本とアメリカのこの対照性は、日本社会が母性原理を、アメリカ社会が父性原理を土台にしているものだからだ、と考えています。同性愛ですから両社会でも数的実態としては男性、女性が一定の割合を保っているのでしょうが、社会的文化的には、母性原理社会では男性が母性性・女性性に傾いている場合が社会的是認を受けやすく、父性原理社会ではその逆で、女性が父性性・男性性に傾いている場合に社会的認知を受けやすいことになる、ということだと思うのです。

このことに関する両社会の違いといえば、アメリカではすでに文化面に留まらず法制面でも「同性婚」を承認しようとしているのに対し、日本ではまだそこまでは進んでいないということでしょう。しかし、文化面では明らかに上述のような「解放」が進行しているわけです。

要するに、申し上げたいことは、日本社会には、先ほど触れたような女性性に傾く男性を拒否するどころか温容に受け入れるという、文化的雰囲気がもともとあったのではないか、ということです。つまり、母性社会日本では元来男性たちの母性性・女性性に対してきわめて寛容だったのではないか、ということです。

その傍証として、「歌舞伎」の歴史をもち出すのは月並みすぎるかもしれません。しかし、あえて申しますと、歌舞伎の嚆矢《こうし》とされる出雲阿国はもともと巫女さんであったと言われ、彼女が派手な男装をして踊ったのが、歌舞伎の始まりでした。それはちょうど「江戸時代」が始まった一六〇三年のことでした。そして、「女歌舞伎」が生まれ、「若衆歌舞伎」となっていきます。ところが、これは儒教道徳を高揚する徳川幕府によって風紀の乱れを理由に一六五二年に禁止され、それ以来男性だけで男女の役すべてを演じる「野郎歌舞伎」となり、そのなかで「女形《おやま》」は男優による——単なる女装ではない——女性性の演技という一つの芸術にまで高められ、現在の歌舞伎芸術が確立されてきたわけです。

見方を変えますと、こうした過程の中で儒教道徳は巧みに「日本化」されてしまったということになり、その日本化を円滑化したのが、この社会に元来潜在した母性性・女性性ではなかったか、と思うわけです。

ところで、こういう特徴をもった日本文化に、個人的な嗜好や関心から、あるいは学術的探究心から、こよなく愛着を覚え、日本に定住し帰化さえして過ごしておられる外国人の方々がおられます。そして、それらの方々の中にも実は男性の同性愛者の方々が比較的に多いということが言われています。[8] 私も、それらの方々の日本に関する書物を読んで、そうした言外の示唆があるということを如実に感じます。

『ヨイトマケの唄』　実は私自身にも、土居さんが言われる「同性愛的感情」と言いますか、文化的な意味での日本的な女性性があるのではないか、と感じるときがあります。その一つのしるしは、美輪明宏さんの『ヨイトマケの唄』を聞きますと、必ず涙が止まらなくなるという現象です。美輪さんは、きわめて個性的な、特別な芸術的才能に恵まれた、両性具有的な歌手かつ俳優として活躍してこられました。上述のタレントさんたちなどよりはるか以前から堂々と自己の在り方を主張してこられた方です。

『ヨイトマケの唄』とは、「東京オリンピック」の二年後、一九六六年に美輪さんが作詞作曲された歌で、「ヨイトマケ」というのは、当時の日本ではまだよく見かけた、人手によるかなり原始的な建築現場の地固め作業のことです。三本柱の簡易なヤグラを組み、「父ちゃんのためならーら、エーンヤ」の掛け声とともに、重しをロープで引っ張りあげ、「コーラッ」でいっせいに手を放し、重しはドンと落ちて地面を固める、という仕組みです。当時の日本はまだまだ「貧乏人」が多く、失業対策政策の中でいわゆる「日雇い」となった方々がこの綱を引くのですが、そこには多くの女性も混じっておりました。「ヨイトマケ」はその方々を指す言葉でもありました。

それで、この歌は六番まで歌詞がありますが、次の二番と三番だけで十分でしょう。二番で私の目は潤み始め、三番でポトポトと涙が落ちてくるからです。

2．子どもの頃に　小学校で
ヨイトマケの子ども　きたない子どもと
いじめぬかれて　はやされて
くやし涙に　暮れながら
泣いて帰った道すがら
母ちゃんの働くとこを見た、

3．姉さんかぶりで　泥にまみれて
日に焼けながら　汗を流して
男に混じって　ツナを引き
天に向かって　声あげて
力の限り　唄ってた
母ちゃんの働くとこを見た、

母ちゃんの働くとこを見た。　　　　母ちゃんの働くとこを見た。
（繰り返し）父ちゃんのためなら　エンヤコラ
母ちゃんのためなら　エンヤコラ
もひとつおまけに　エンヤコラ
〔JASRAC 出 1910483-901〕

学校でヨイトマケの子どもとはやしたてられ、いじめられ、いたたまれなくなり、母ちゃんに慰めてもらおう、抱いてもらおうと帰っていくのですが、道すがら母ちゃんがヨイトマケになって懸命に働いている姿を見届けます。自分のために、こんなにも苦労している母ちゃんを見たら、泣いた涙も思わず忘れて、ぼくも勉強するよ、と言いながら、学校に戻った、という歌詞です。そして、大学も出て、エンジニアにもなったけど、すべては母ちゃんのお陰だった、母ちゃんの「エンヤコラ」の歌こそ世界一だと、感謝するのです。

古澤さんの心にあったご母堂のお姿もこれであったでしょう。美輪さんのこの歌を聞いて、私が涙ぐむのはほとんど条件反射的ですから、これは理屈ではありません。文化的心性の影響力というのはいかに大きいものかということを、この歌で思い知らされるわけです。この歌をその後多くの歌手の方々がカヴァーしてこられました。日本人で、しかも歌い手なら、やはりこれを歌いたくなるのでしょう。覚えておきたいのは、そのほとんどが男性歌手であり、中には同性愛者の方々も含まれているということです。

私の知る限り、あの歌詞は美輪さん自身の身の上話ではありません。ヨイトマケのあの小学生は実在の人物で、美輪さんが小学二年生の頃出会われたクラスメートのようです。美輪さんは、愛おしいわが子のために汗水流して土木作業現場で働き、そのままの姿で授業参観に駆けつけてきたヨイトマケの「母の強さ」に感動され、その感動がこの歌の作詞作曲となりました。この歌で私が何よりも感心するのは、自身もまだ小学二年生であった美輪少年の中に生じた、このクラスメートを見つめる母親のような眼差しです。母性的な日本文化を母胎として、ヨイトマケの母と子の情愛の光景が、美輪少年の母のような眼差しによって、美しく切り取られたというのが、この『ヨイトマケの唄』だと感じています。

『悲母観音』　美輪さんの『ヨイトマケの唄』で涙を流すと、また必ず私の瞼に浮かぶ一枚の絵があるのですが、それは「近代日本画の父」と称えられたあの狩野芳崖《かのうほうがい》さん（1828~1888）が肺を患いながら今際のときまで描き続けられた、これまた名作の『悲母観音』（本書冒頭に掲載）です。一八八八（明治二一）年一一月一日にこの絵を描き上げ、四日後に逝去しておられます

私の中では、この『悲母観音』は日本に数ある素晴らしい美術作品のうちでも絶品です。芳崖さ

んのこの観音さまの絵は日本的母性をまさに象徴する美術作品と心得ます。

ところで、観音さまというのは、親鸞の夢のところでも申しましたように、中国や日本で両性具有となった唯一の仏さんですが、芳崖さんの観音さまも、ゆったりとたおやかな姿勢のなかに、ふっくらとまろみのある顔と、法衣に蔽われていますが豊かな胸をもった、真白い柔らかそうな肌の、まさにこれは「慈母」そのものです。芳崖さんはこの観音さまを描くために奈良に何度も足を運ばれ、たくさんの仏の表情をスケッチされました。

しかし、ムシメガネで確認できるほどのものですが、その慈母観音の上唇のちょっと上に、うっすらと細いひげが描かれています。つまり、男性なのです。しかし、限りなく、また母でもあります。その足元に、この母の顔を、すこし体をよじらせながら、背中越しに見上げ、じっとその眼を見つめている、愛らしい小さな赤ん坊が描かれています。母はこの赤子をその後からそっと覗き、見守り続けています。そういう構図です。

芳崖さんが入門された「狩野派」は室町時代に現われてその後ずっとわが国の絵画界をリードしてきた流派です。織田信長がヴァリニアーノ神父を介してローマ法王に献上し、その後紛失してミステリー扱いされています、安土城の全景がわかるという、あの「安土屏風」も、やはり当時最高の絵師であった狩野永徳《かのうえいとく》のものではないかと考えられます。芳崖さんは、狩野派の絵画の「古法」

の「外」に出るという「法外」の意味で、「芳崖」と自称されたのですが、本当にこの『悲母観音』の絵も日本から世界に出て、日本的な「母性」の素晴らしさを普遍的に印象づけうる絵かもしれません。同僚の岡倉天心も、当時来日したハーヴァードの美術哲学者アーネスト・フェノロサも、これを絶賛しました。フェノロサはこの絵をカトリック教会の「聖母マリア像」に比肩するものと評しました。

ところで、現在、この絵は「慈母観音」ではなく「悲母観音」と呼ばれています。伝統的には両方の呼称がありますが、とくに芳崖さん自身がこれを『悲母観音』と題されたわけではなく、自然にそう呼ばれるようになったようです。いずれにしましても、「人生の慈悲は母の子を愛するに若《し》くはなし。観音は理想の母なり……大慈悲の精神なり」[9]という、この絵に関するご本人の短い言葉が残されています。「慈悲」と言うのだから、「慈母観音」でも「悲母観音」でも大差はないだろうとも言えるかとは思いますが、「慈」は大和言葉では「いつくしみ」、ここまで私が用いてきた言葉で言えば親の子への「情愛」（英語ではaffection）ですが、「悲」は元来の字義は「呻《うめ》き」であり、仏教的な意味では、相手の苦しみを自分の苦しみに代えて除いてあげる、ということです。ですから、『悲母観音』と呼ぶ場合には、観音さまの真髄は、「慈しみ」を超えて、人の「苦痛」を自身に引き受けてわが身の「悲痛」とする、その「悲しみ」である、ということになります。

芳崖さんのご母堂のことはよくわかりませんが、芳崖さんは妻よしさんを「観音様」と呼んでおられました。[10] その奥さんが発病され、芳崖さんの懸命の平癒祈願のかいもなく、先立たれました。この奥さんへの供養として、自ら肺を患いつつも、その最後の力を、この『悲母観音』の完成のために一年以上にわたって注がれたのだと思われます。長く苦労を共にされた妻よしさんと悲母観音のイメージとが重なり合って、この奥さんへの深い愛と感謝がこの作品に結実したのではないでしょうか。

ところで、「呻き」というのはキリスト教の聖書の神さまにもあり、とくに旧約聖書に表わされた神の罪人のための「嘆き呻き」の心を解き明かされたのが、日本を代表するキリスト教神学者の一人北森嘉蔵先生の『神の痛みの神学』（講談社、一九四七年初版）でした。これは英語、ドイツ語、イタリア語など、すでに数ヶ国語に翻訳されて、外国の方々にも、とりわけ著名なキリスト教神学者たちにも、よく読まれている、日本発のキリスト教の神学書です。北森先生によれば、日本語にもあります「断腸の思い」というのは、旧約聖書の『エレミヤ書』に「わが腸《はらわた》痛む」という神自身の言葉としてもう数千年前からしるされているものです。

北森先生によるこの聖書の神の「痛み」の発見は、先生自身の歌舞伎への傾倒と深い関係があります。上記著書にもしるされ、そして先生の神学の講義を受けた者は必ず聞いたことですが、先生は、この聖書の神の「痛み」は、『菅原伝授手習鑑』（一七四六年初演、初代竹田出雲他作）四段目「寺子屋」や、『一谷嫩軍記《いちのたにふたばぐんき》』（一七五一年初演、並木宗輔作）三段目「熊谷陣屋」に見る、主君の子の身代わりに家来がわが子を犠牲にする痛み、とりわけその母親の悲痛と深く通じるものがあると、強調されました。いかなる理由もあれ、またその母も承知の上であれ、母子の情愛を犠牲にすることはこの世で最大の悲劇であり、悲痛の極みです。当該場面では、いかに万止むを得ぬ出来事であったとはいえ、母はなおわが子への情愛断ちがたく、その首に駆け寄ります。その背後に父の呻きが響きます。これが日本人観客の涙を幾重にも誘うのです。日本人は母の子を思う涙にまったくもって弱いのです。

子どもへの日本人の母性的眼差し

以上、「甘え」とは母親への密着の感情である、フロイトが言う「同性愛的感情」の本質も自分が言う「甘え」である、という土居さんの指摘から始めて、日本社会においては男女を問わずいかに母性的感情が支配的であるかを述べてきました。

そこで、以下においては、子どもに対する男性も含めた日本人の母性的眼差しということで、土居さんが言及しておられるもう一つの話題に触れておきたいと思います。これは主として子どもの「不憫さ」への眼差しの例です。実は土居さんはこれを「日本ではお詫びがどんなに魔術的な効果をもっているか」（51頁）ということにつなげられるのですが、私自身は、子どもへの日本人の母性的眼差しという点に集中していきたいと思います。

「坊ちゃん、堪忍してやっておくんなせえ」　土居さんが取り上げておられるのは、一八九〇年に来日し、日本文化に関する多くの優れた文学作品や随筆によって世界に日本を紹介した、あのギリシア系アイルランド人文学者ラフカディオ・ハーン（小泉八雲 1850~1904）さんの作品『心』（平井貞一訳、岩波書店、一九五一年）の中の「停車場にて」と題する文章です。

ハーンさんの作品は『耳なし芳一』などの怪談ものに限らず日本人にもよく読まれ歓迎されてきましたが、それは日本人の心への深い共感をもって日本文化を描き出した作品だからにほかなりません。「停車場にて」は事実に基づく話です。ただ、長くなりますので、状況説明も含め、以下に抄録します。

強盗していったん捕まったが、巡査を殺し逃げのびていた男が再び捕まり、事件を起こした熊本に護送されてきた。その熊本駅頭に、殺された巡査の未亡人も小さな男の子を負ぶって来ていた。その子に、犯人護送の警部が、これがお父さんを殺した男だよと告げると、子どもは泣き出したが、犯人も「いかにも見物人の胸を震わせるような、改悛の情きわまった声で」、次のように語り出した。「堪忍しておくんなせえ。……坊ちゃん、あっしゃア、なにも恨み憎みがあってやったんじゃねんでござんす。ただもう逃げてえばっかりに、つい怕くなって、無我夢中でやった……んで。……あっしゃァ坊ちゃんに、なんとも申訳のねえ、大それたことをしちめえました。……こうやって今、うぬの犯した罪のかどで、死にに行くところでござんす。あっしゃァ……よろこんで死にます。だから坊ちゃん……どうか可哀そうな野郎だと思いなすって……堪忍してやっておくんなせえまし。お願えでござんす……」。こう言って、犯人は連れて行かれたが、それまで静まり返っていた群集は「俄かにしくしく啜り泣きをはじめ」、そればかりか、護送の警部の眼にも涙が光っていた。

ハーンさんは、この犯人が子どもの前で膝まづいて地面に顔をつけた「土下座」の姿も描写されていますが、この出来事で最も意味深いのは、犯人の懺悔がいかなる日本人の心の内にも大きな部分を占めている「子どもにたいする潜在的な愛」に訴えてなされた点である、と土居さんは解説し、自ら深くこの犯人の姿に感銘しておられます。

そして、土居さんは、そこから「今一歩解釈をすすめ」て、「犯人は子どもを可哀想と思うと同時に……子どもと同一化し……甘えられた義理ではないが、しかし許して欲しいと」謝罪したのだが、「このように日本では、謝罪に際し相手に対し本質的には幼児のごとく懇願する態度を取」ると、「あたかもお詫びが魔術的な効果を持つ」、という方向に議論されます（54頁）。しかし、私自身は、それも日本文化を知るための重要事であることは認めつつ、ここでは本書の議論の文脈から、日本人の子どもへの特別視と、その特別視が子どもの「不憫さ」への「涙」として表現されることへの、ハーンさんの洞察に注目したいと思うのです。

つまり、私なりに解説しますと、犯人は「改悛の情きわまった声」で、「坊ちゃんに、なんとも申訳のねえ、大それたことをしちめえました」と謝るのですが、これが年端もいかぬうちに故なく親を奪われたその子どもへの群集の同情と同化したために、犯人への怒号は起こらず、むしろ赦しの情さえ起こって、子どもと犯人への思いが綯《な》い交ぜとなり、結果、「啜り泣き」となった、ということです。

母性による子どもの至上化とその倫理規範化

ハーンさんが以上に描き出された光景が示しているのも、結局は、日本人における親子の一体化、もっと言えば、母から子への一体化の感情だと言えるのではないでしょうか。そして、そのことが示すのは、やはり母性的眼差しによって保障される「子ども」のもつ「価値」です。この子どもの価値に連なる限りで、あの場面の子どもの不憫さへの涙も、犯人への同情の涙も、日本人の間では一種の価値を帯びてくるのです。その場合の「涙」は、あたかも極悪犯の罪さえも心情的には赦してしまう、「禊《みそぎ》」のように受け止められるのです。

そして、このようにそれらの「価値」が日本人の間で認知され客観化されますと、今度はそれが日本人の「社会的行動」にパターン化されていくことになります。換言すれば、母子の情愛や子どもの不憫さにまつわるさまざまな「感情」や「仕草」さえもが「倫理規範化」してくるわけです。そして、母性社会日本の抱える倫理的問題性もこの次元において顕著となります。しかし、この問題については、先にも申しましたように、他日を期して論じてみたいと思っております。

「日本人よりも本当の日本を愛するです」

なお、ハーンさんのこの「停車場で」という文章のことで、一言添えておきたいと思います。カナダはマッギル大学で教えられた日本史家大田雄三さん（1943〜）はその著『ラフカディオ・ハーン――虚像と実像』（岩波書店、一九九四年。以下の引用頁数は同書から）で、「熱烈な親日家ハーン」（8頁）という「神話から出来るだけ自由なハーン像を、彼の日本紹介者・日本解釈者の役割に焦点をあてて描く」（12頁）と言われ、日本という異文化理解の一例としてのハーン像を鋭く検証しておられます。綿密な資料検討に基づくもので、たしかにハーンへの批判的理解を豊かにされる本です。

大田さんは「停車場にて」も検証の俎上に乗せ、このハーンの文章を新聞記事と比較しながら、次のように批判を込めて論評しておられます。すなわち、これはハーンがあたかも目撃したように描かれているが、彼は現場にはおらず（資料をもとに後日しるしたもので）、警官や遺族の人数も違い、あの土下座も疑わしく、何より犯人は子どもにだけでなく三人の遺族全員に許しを乞うたのだと述べ、ハーンによるこれらの「変更は……文学的効果を高め……たかもしれない」が、彼が「伝える日本と日本人のイメージを非現実的なものにしてい……ないだろうか」と問うておられます。そして、結局は、彼の「眼目」である、犯人の「改悛への訴えが……日本人の……子どもに対する潜在的な愛をとおしてなされた」(138〜139頁)ということも、「彼による虚構と考えられることになる」(140頁)と批判されます。

大田さんのこうしたハーン批判にはなるほど「ご尤も」と説得される部分もあるのですが、ハーンさんの妻節子さんが伝えておられる、「私この小泉八雲、日本人よりも本当の日本を愛するです」(10〜11頁。傍点は私)という彼の言葉をもう少し素直に受け止めていいのではなかろうかというのが、私の感想です。すなわち、ハーンさんはいわば「理念型の日本」を描きたかったのであり、その観点からすれば、彼は一五年間という比較的短い滞日期間にもかかわらず、ギリシア人母の血を引くその東洋的感覚からする日本人理解において、一種異様な感受性と才能を発揮した人物であったと言えるのではないでしょうか。

犯人の「土下座」が仮になかったとしても、太田さんは「群集の啜り泣き」がなかったとは言っておられませんから、これは否定できない事実だったのでしょう。ハーンさんはそれまでにもこういう日本人の啜り泣きの場面に何度も遭遇しておられたのだと思います。私はハーンさんの宗教的文化的な視点からする日本人観察にはほとほと感心しております。そして、それは多くの作品に見届けられるものです。

1　土居健郎『「甘え」雑考』（弘文堂、一九七五年）、28頁。
2　船曳『日本人論再考』、83～86頁。傍点は私。
3　同上書、86～87頁。。傍点は私。
4　北山編『阿闍世コンプレックス』、59～60頁。
5　Michael Balint, *Primary Love and Psychoanalytic Technique* (Liveright Publishing, 1965).
6　フロイトにおける「同性愛的感情」とは土居さんの概念を用いれば「甘え」ということになり、その母胎はまさに「子の母への密着」の関係、「母子の情愛の関係」であるわけです。この点を掘り下げたのが、土居さんは言及しておられませんが、二十世紀後半にフロイトの精神分析学の成果をソシュールの構造主義的言語学の知見をもって新たに解釈したフランス人精神分析学者ジャック・ラカンでした。
ラカンの最良の解釈書と思われる藤田博史『精神病の構造——シニフィアンの精神病理学』（青土社、一九九〇年）に従い、彼の思想を私なりに簡潔にお伝えすると、ラカンは言葉により世界を分節化する人間の「ランガージュ」活動を精神分析学の観点から次のように説明します。幼児が最初の「シニフィアン」（対象への呼称行為——西谷）をもって言語秩序に参入するとき、「原抑圧」を被り、「無意識」の中へと押さえ込まれ、続くシニフィアンも同様に抑圧を被り続けます。しかし、これこそが人間を他の動物から区別し人間たらしめる言語活動です。さて、幼児は出生時の絶対的無力さから出発せざるをえませんが、そこに母という救いの手が用意されます。この「母子未分の状態」としての、子が鏡に映った自分に興味を寄せる「鏡像段階」（生後六か月～十八か月）の中で、子は「想像界」において母の欲望の対象（同時に母は子の欲望の対象）であることに安らぎつつ、幻想的な統一的身体像との自己同一化を試みます。しかし、そこに「父の名 Nom」（「父の否 Non」とも —— ラカン）が「原抑圧」（外部から介入する「権威」や社会の「掟」）として介入し、想像界の自我は言葉の世界としての「象徴界」へと踏み込んでいくのです。母の欲望である子の欲望は、母を「所有したい」という欲望に替わり、「ママ」と呼びかけ母なるものを求めているのですが、しかしそれはもはや「象徴界」というスクリーンを通じてしか求めることはできません。こうして、子と母は「想像界」での一体化はもはや永遠に果たせない「現実界」に置かれます。原抑圧が「不完全」であると、想像界が象徴界のシニフィアンの働きすなわち正常な思考を阻害してしまいます。これが精神病（精神分裂病、慢性幻覚精神病、パラノイア）発病の原因です。

7　男性と女性における同性愛について、前者と後者とでは精神医学的にはきわめて異なる分析判断を結果すると指摘してくれるのも、藤田博史『性倒錯の構造 —— フロイト／ラカンの分析理論』（青土社、一九九三年）です。その詳細な紹介は避けますが、「男性同性愛と女性同性愛とでは、その心的機制が全く異なっている」（同書、196頁）と言われます。

8　エズラ・ヴォーゲル、橋爪大三郎『ヴォーゲル、日本とアジアを語る』（平凡社、二〇〇一年）、107～108

頁。

9　岡倉覚三「狩野芳崖」、『國華』第二号（明治二三年十二月）、二一頁は、岡倉天心がそのように芳崖が語っていたと記しています。

10　古田亮「《悲母観音》考」、『狩野芳崖 悲母観音への軌跡 —— 東京藝術大学所蔵品を中心に』（芸大美術館ミュージアムショップ／六文舎、一九九九年）、九七頁。古田亮さんは、その後の著『狩野芳崖・高橋由一』（ミネルヴァ書房、二〇〇六年）では、「一人の画家として彼に見えていた『理想の母』は妻よし以外にはあり得なかった」と言われております（同書、284頁）。

おわりに——柳田国男 他

以上、山本七平さんが「日本教」と名づけられた、日本人全体が帰依している暗默の宗教の理解から始めて、近年の日本における特異な文化現象である「臓器移植」への消極姿勢の理由をその日本教の重要な教えである日本的「恩」論に確かめ、その根源を日本人の親子関係とりわけ「母子関係」に見て、日本人がその社会的心性においても歴史的にも「母性原理社会」を形成してきたことを跡づけてきました。そして、その内奥に「母子の情愛」という究極的価値が存在するのではないかと論じてまいりました。

そこで、この「おわりに」おいては、その究極的価値観を証拠立ててくれる、まさに「神道」という宗教から提出された資料をご紹介して、本書を締め括りたいと思います。

『**神道信条**』　その資料とは、一九九九年に神社本庁が外国人向けに刊行した、「神道」という宗教について英文で紹介し説明する、数冊のいわば公式のパンフレットです（これは先に第三章でも言及しました間瀬さんが主宰しておられた「慶応宗教研究会」で、国学院大学で教えておられる中野裕三さんからプレゼントしていただいたものです。あらためて、ここで感謝いたします）。

そこには、元國學院大學学長であった上田賢治さん（1927~2003）の『神道』と題するエッセイを中心に、宮司で宗教学者の薗田 稔さん（1936~）の『神々の森の文明』といった、現代的なテーマをめぐる力作が幾つか掲載されているのですが、私が刮目せざるをえなかったのは、何と言ってもそのうちの、『神社』と題するパンフレットにしるされた、五カ条の『神道信条』（Shinto Beliefs）でした。

これは、神道とは人知では及ばない宗教的秘義であると「神道不測」を謳い、これまでけっして公けに「言《こと》挙《あ》げ」してこなかった日本の神道としては、史上初のことではないでしょうか。これは折口信夫《しのぶ》さん（1887~1953）が戦後唱えられた神道の世界宗教化への第一歩をしるす文言なのでしょうか。こうした文書を公表したという事実も驚くべきことと思いましたが、さらに重要なのはその中味です。そのうち私が最も注目したのは第一条ですが、それも含め、五カ条すべてを、以下にまず拙訳でしるします（原文では各条に順番はつけられておりませんが、ここではしるされた順に番号を付し、便宜的に五ヵ条と呼称します）。

(1)神道は信じる。すなわち、人間はカミ（kami）の末裔である。したがって、カミと人間は血縁関係にある。人間のみならず、郷土も、自然も、カミの所産である（傍点は私）。

(2)神道は信じる。この世は永遠に続く。この世がより善き場所とされうるのは、人間の協力と勤勉によってである。

(3)神道は信じる。人間の霊は死後も生き続け、子孫により崇拝される。同時に、それはこれら子孫を見守り、庇護する。

(4)神道は信じる。もっとも肝要なのは、今、ここで、存分に生きることである。神道は、死来世における永遠の価値や報いを求めない。

(5)神道は信じる。人間は善悪を合わせもつ。しかし、カミの心すなわち慈愛と謙遜の心を涵養することにより、悪を改め、より善き人間の質を示しうる。[1]

カミと人間は血縁関係にある！ 以上の第二条から第五条を読んでも、なるほど、日本人に独特の価値観、世界観が判然としてきます。しかし、何と言ってもインパクトを感じるのは、繰り返しますが、第一条です。私はこれを初めて――しかも英語で！――読んだとき、心底、驚きました。

これは信条ですからきわめて淡々とした語りようではありますが、日本人古来の霊性を代表する宗教としての「神道」の面目躍如たる信仰の吐露です。それは、カミと人間の血縁関係の、そして、大地も自然も同様であることの、信仰告白です。ここで「カミ」として最も表象《イメージ》しやすいのは、おそらく日本人の母なる神とされる、皇室の祭神、「天照大神」でしょう。この母なる神とすべての日本人は「血でつながっている」“related by blood”ということを、神道がその中心信条として宣言したのです。こうして、そうであるかもしれない、いや、そうであるに違いないと想定はしていても、誰もそうだと公言することのできなかったことが、神社本庁公刊の文書によって、まさに書かれた文字で、宣言されたのでした。神道不測どころではありません。

ここで、カミと人間の血縁がどのように科学的に証明されるのか、などと、オッチョコチョイで野暮な質問をしてはいけません。人間の「血縁」の情愛、とりわけ親（母）子間の何ものにも比べがたいあの情愛の関係が、神道においては宗教的に神聖化され宇宙化（普遍化）されているのだ、ということを、この信条は信仰告白として表明しているのです。思わず上のような質問を抱かれた方があるとしたら、宗教とは神道に限らずそういうものだと、お心得ください。

いずれにしましても、日本に固有な、日本人の唯一と言ってよい宗教が、その究極的価値観を「血のつながり」であると言葉で言い表わしました。繰り返しますが、これは日本の歴史が始まって以来、初めてのことなのです。

母子関係は懐にある嬰児と母とのようなもの

ところで、この信条に直面して、私は以下の二つの文章を思い起こしました。それは、江戸時代の朱子学者貝原益軒の『大和俗訓《ぞっくん》』（一七〇八年）の言葉であり、また近代文学者佐藤春夫の「風流論」（一九二四年）の言葉です。これらの言葉も、時代を隔てた二人の人物が先の信条が指し示す日本人独特の同一の信仰に生きていたからこそ、出てきたものだと私は感じております。

貝原益軒（1630~1714）は次のような言葉で、人間の血縁の情愛と、天地に包まれる庇護の感情との一致を、印象深く語っています。

「人たるものは天地をもって大父母とするから、父母の恩を受けるように、無限の天地の恩を受けている。天地の恵みで生まれた恩ばかりでなく、死ぬまで天地の養いを受けることは、ちょうど人の身が父母より生まれたあとも、父母の養いによって人となるのと同じである」[2]。

佐藤春夫（1892~1964）は、日本人に固有の「心持」としての「風流」とは「無常感」すなわち「人間の須臾《しゅゆ》微小と自然の悠久無限とを認めて感ずるといふだけの感覚」であると述べ、人間を「自然に対抗させて……自然を征服しようとさへ考える……西欧の他の民族」とは異なり、日本人は「自然に抱擁される……自然の子としての人間を素直に認めた」と論じます。これが、彼によれば、「自然対人間の母子関係」（傍点は私）なのであり、

「その母子関係は懐にある嬰児と母とのやうなもの」[3]、

ということになるのです。

要するに、益軒も佐藤も根っからの日本教徒なので、自然と人間の関係もこのように親（母）子関係として理解できる、またそのように理解しないと落ち着かない、ということなのです。あるいは、このように言うこともできます。人間が体現し体験できる「自然」の原初かつ極致が母子の血のつながりなのである、と。

私が考えますに、こうした日本人の心情の根源を率直に、端的に、しかも日本史上初めて、宗教的信条として言い表わしたのが、上述の『神道信条』の第一条です。「日本教」の核心の宗教的な表現（信仰告白）がこの第一条なのです。

今、ここで、存分に生きる　この『神道信条』をある方に紹介したところ、おそらく第四条の「今、ここで、存分に生きる」という言葉に注目してでしょうか、加藤周一氏（1919~2008）の『日本文化における時間と空間』（岩波書店、二〇〇七年。本節における引用頁数は同書より）を紹介してくださいました。かつて加藤氏の『日本人とは何か』（講談社、一九七六年）を読んだことがありましたが、あまり興味を引かれませんでした。しかし、今回、八八歳の氏が「日本思想史について私の考えてきたことの要約」（264頁）として提示された上述の書を読ませていただき、「人々が『今＝

ここに』生きている」（4頁）日本文化、というその指摘にぶつかったとき、上記の第四条と重なり合い、これはやはり無視することのできない日本人の特徴づけかと思いました。

日本人は、時間的な「今」と空間的な「ここ」に究極的価値を見出すが、それは「水田耕作の……ムラ共同体」（263頁）の世界観に規定されたものであり、彼らの「関心の中心は『ここ』＝日本にあり、その日本を部分として含むところの世界＝全体ではなかった」（237頁）と、加藤氏は論じられます。これは河合さんの「場の倫理」で触れた内容と重なりますが、要するに、大方の日本人は現在でもこのムラ共同体である日本で「外人《ソトビト》」(outsider)としてではなく「仲間内」(insider)（3頁）として生きることに究極的関心を抱いているということでしょう。加藤氏は『日本人とは何か』の末尾で、日本人においては「千年以上も実生活に超越することのできなかった『思想』が、そこで超越性を獲得しなかったとしても不思議ではない」[4]として、日本人の生活と思想の双方における「超越」の欠如を指摘しておられましたが、その視点が今回のこの加藤氏の集大成的な日本人研究において綿密に論じられたわけです。

死霊も永久に国土に留まり、そう遠くへは行ってしまわない

私は、『神道信条』の第四条が「神道は、来世における永遠の価値や報いを求めない」と述べ、それと対応して第二条が「この世は永遠に続く」と述べる点に、神道の「この世のみ」の堅固な信仰を感じ、神道が「彼岸性」や

「超越性」無しのいかにも日本的な宗教であることを、ある種の感慨をもって受け止めました。

そして、こうした徹底的な此岸信仰も、やはり第三条が「人間の霊は死後も生き続け、子孫により崇拝される。同時に、それはこれら子孫を見守り、庇護する」として表現する観念、すなわち、血縁の死霊は「この世」に留まり、血縁により礼拝され、また血縁を守る、という観念に支えられているものであると感じております（そのことがまた、否定的には、「怨霊信仰」、「祟り信仰」の元にもなっているとも考えるのですが、そのことについての詳論はここでは控えます。）。そして、この第三条に表わされた観念は、あの玉音放送の数か月前に執筆され、翌一九四六年に出版された、民俗学者柳田国男氏（1875~1962）の『先祖の話』（筑摩書房、一九四六年初版）の「日本人の死後の観念、すなわち霊は永久にこの国土のうちに留まって、そう遠方へは行ってしまわないという信仰」との相互反照と考えております。つまり、神道の徹底した此岸信仰も、血縁の深く豊かな情愛に包まれた実生活への究極的関心から出てきているものだ、と私自身は感じているのです。

道徳主義よりは生命主義？

ただ、この神道信条に関して、一点、違和感を感じる部分があります。それは「カミの心を涵養することにより、悪を改め、より善き人間の質を示しうる」と述べる第五条です。このことは、私のこの日本人論に興味をもち、その執筆を励まし続けてくださった旧約学者並木浩一先生が指摘されたことですが、私自身もそれとまったく同意見なのです。

それを率直に申し上げますと、ここには神道とは異質の「道徳」を取り込み、神道を近代的人間観に沿うものにしようとする意図が見え見えではないか、ということです。神道では、「いのち」たるカミと血でつながる人間にそもそも「悪」などないはずで、俗世で付着した「汚れ」を禊ぎで払い落とせば十分なのではないでしょうか。神道で最も大切なことは、善悪などを超えて、「いのち」の永続を尊ぶという、一種の「生命主義《ヴァイタリズム》」ではないでしょうか。

自分と血縁者の生命現象そのものを悦ぶということが、また、「母子の情愛」という価値に含まれた大切な要素のように思われます。そこで、私自身は、『神道信条』の第五条はむしろなかったほうが、神道らしさをアピールできたのではあるまいか、と勝手なことを考えたりしております。

新しい一歩

しかし、いずれにしましても――繰り返しますが――私はこの『神道信条』を初めて読みましたとき、たいへん驚きました。同時にまた、この信条の公刊《パブリケーション》はきわめて良いことであったとも思いました。神道徒の方々の中にはこのようにその信仰内容を言葉で定義することに対して、「不測」としてきた神道の秘義は秘義でなくなってしまう、と文句を言われる方もあるかもしれません。

しかし、この信条《クレドー》すなわち「言葉」による信仰の表明によって、日本人がこれまで――意識的にか無意識にか――曖昧にしてきた自分たちの宗教的内奥のみならず、さらにそれに起因する自らに特徴的な社会的振る舞いをも自覚するようになり、真の意味での自省をなすことができるようになるかもしれません。そして、そうなったとき、初めて、他宗教や異文化との対論や交流が、対等に、しかも創造的に、なされるのではないでしょうか。このことは二十一世紀の日本人にとって、また日本に関心を寄せる世界の人々にとって、きわめて意義深いことであると思われます。その意味で、私はこの『神道信条』の公表を歓迎しています。

しかし、それにしても、なぜ、英文のみでの『神道信条』なのでしょうか。そこが依然として腑に落ちず、姑息なものを感じざるをえない部分です。そうした点こそが日本人の改善を要する部分ではないでしょうか。

しかし、それでもなお、私は、この『神道信条』を、日本人が新しい一歩を踏み出したしるしとして歓迎しております。

1　英語の原文については拙著 *Understanding Japaneseness* (Hamilton Books, 2017), pp240-242. を参照してください。本書10頁、注4参照。

2　貝原益軒『大和俗訓』(一七〇八年)、松田道雄編『日本の名著』14「貝原益軒」(中央公論社、一九六九年)、60頁。

3 佐藤春夫「『風流』論」、『現代日本文学大系』42「佐藤春夫」(筑摩書房、一九六九年)、366、376、378、379頁。

4 加藤周一『日本人とは何か』(講談社、一九七六年)、210頁。

5 柳田国男『先祖の話』(ちくま文庫版、一九九八年)、61頁。

補遺　「不当な連れ去りか母子の情愛の帰結か
――日本人母親によるアメリカからの子どもの連れ帰り」

＊本書の「あとがき」に、日本人自身が「なぜ？」と当惑してしまう文化現象があちこちに転がっているわけではないが、気をつければ発見に至ります、と記しました。この補遺もその一つの論題と考えます。そして、これも「母子の情愛」を核心にもつ「母性社会日本」ならではの典型的な文化現象と理解しております。

ABC特集番組「アメリカ人父親の切なる願い」　二〇一一年二月一五～一六日の両夜、アメリカ三大放送局の一つABCが、「父親たちの切なる願い――日本に連れ去られた子どもたちを帰国させよ」という特集番組を組みました。有名なキャスター、セアラ・ネッターが冒頭、アメリカ人男性と日本人女性との結婚で生まれた子どもたちが、両親の離婚後、母親たちによって日本に連れ去られ、いったん帰国してしまうと、アメリカ人父親たちは「親権」(custody)の協議はおろか、子どもたちとの面会もままならない現実だと告げます。[1]

リポーターのブードロー女史が直後に報告したのは、それまでの一七年間でこうした連れ去り事件が三二一件も国務省にファイルされている、という事実でした。[2]

放置される現実　アメリカの法律ではこれは「誘拐」であり、FBI捜査官は当該の子を確保しアメリカに帰国させるべきなのですが、日本の法律は帰国した母子を国民として守り、日本の警察もFBIによる子の確保を許しません。そこで、この現実は、日本とアメリカ両国の外交的配慮から、そのままに放置されているわけです。

もともと日本の民法は離婚後の「単独親権」(sole custody)を認めており、一方の親――たいていは母親です――が独断で子を引き取り、いわゆる「子連れ別居」をしても、違法とされません。これに対して、アメリカでは「共同親権」(joint custody)が全州に共通であり、離婚の際、両親の法的合意のもとに親権が決定され、親子の面会交流も適宜認められます。この手続きを経ずに子を連れ去るなら誘拐であり、それが州や国の境を超えると連邦捜査局の出番となり、子を連れ去った親は

「FBI誘拐犯リスト」に載るわけです。

ですから、番組に集まった数十人の父親たちは、「これを外交問題とすべきではない。私たち〔アメリカ〕の法が強制執行されるべきだ」[3]と叫んだわけです。こうした番組は他局でも、また他国でも、多く組まれました。

近年の国際結婚の増加

この問題の背景には近年の国際結婚の増加ということがあります。厚生労働省によれば、二〇〇五年の日本人の国際結婚数は四万件を超えていました。この増加に伴い、離婚件数も、国外に連れ去られた子どもの数も、増えています。イギリスでは二〇〇八年に子を国外に連れ去った事例は三三六件、子どもの数は約四七〇人、[4]二〇〇九年のアメリカで同様の事例は約二〇〇〇件、子どもの数は約三〇〇〇人でした。[5]

こうした状況を一早く察知して、オランダの「ハーグ国際私法会議」は一九八三年より「国際的な子の奪取〔連れ去り〕の民事上の側面に関する条約 The Hague Convention on the Civil Aspects of International Child Abduction」（以下、「ハーグ条約」と略記）を発効させました。日本もこれに遅ればせながら二〇一三年に九一番目の締約国として加わり、関連国内法も整備しました。アメリカ政府からの強い要請もあったからです。

ハーグ条約の二つの強調点

ハーグ条約自体も「共同親権」原則に立っており、問題解決のために、その前文で、連れ去られた「子の元居住国への迅速な返還」、その上での親権の法的裁定や親の子への「接近の権利」すなわち面会交流の保障、という二点を強調します。日本の外務省による同条約の解説でも、「子がそれまで生活を送っていた国の司法で……生活環境の関連情報や両親双方の主張を十分に考慮した上で」親権の判断をすることが「望ましい」と述べます。[6] この手続きの実行は締約国の「中央当局」が行ない、日本では外務省が東京および大阪の家庭裁判所を介してその任に当たります。

さて、このように日本もハーグ条約締約国となって数年が経過しましたので、日本人母親が関与した「連れ去り事件の解決 Abduction Cases Resolved」件数もじょじょに増え、二〇一八年の八件中、四件が、一九年は一三件中、七件が解決したと報告されています。[7]

なおも続く日本人母親による子の連れ帰り

しかし、ここで注意しなければならないのは、その解決率は今見ましたように五割前後に留まっており、連れ帰り自体は二〇一六年でも七件、一七年で四件、一八年で八件、一九年で一三件と、依然として続いているという事実です。[8] さらに注意すべきは、これらの事例のほとんどで、子を連れ帰るのは日本人母親だという構図に何ら変化はないということです。

アメリカの研究では、子を連れ去る親の男女比は二対一の割合だが、母親も増えつつある、という報告がなされています。[9] この父母比をただちに国際的事例の平均値と見ることはできませんが、一般的にもそれに近い割合と考えられます。つまり、連れ去る親は父親のほうが多いのです。ところが、アメリカ人父親と日本人母親の夫婦の場合、離婚後に子を連れ帰るのはほとんどが母親のほうなのです。なぜ、そうなるのでしょうか？

この問いに答えるのがこの補遺の課題なのですが、そこに入る前にハーグ条約に対する私自身のささやかな意見を述べておきます。

ハーグ条約に対する幾つかの問い　見ましたように、ハーグ条約は、子の連れ去りという問題解決の手始めとして、子の元居住国への迅速な返還という点を強調します。それにより離婚後の親権をめぐる両親の法的協議が十全になされると考えるからでしょう。私も子の養育保護に両親は対等な義務を負うという点に異論はありません。しかし、その協議と決定の場所を「子の元居住国」に限る必要はないのではないか、両親の対等な協議が法的に保証される国であればどこでもよいのではないか、と考えるのです。

そもそもハーグ条約は「何よりも子どもの権利や福祉への配慮から生まれたもの」[10] と言われ、事実、条約の前文は「子の監護（custody）に関する事柄においては子の利益が最重要である」[11]（傍点は私）と宣言しております。このように子どもの人権を再優先する精神に立つならば、その観点からしても、今述べたような要件について、より融通性を利かせた扱いがあってもよいのではないでしょうか。

ハーグ条約の適用対象となる子の年齢も「16歳未満」とされていますが、この年齢基準は高すぎないかと私自身は感じております。両親の離婚プロセスに12歳から三年間巻き込まれた私個人の経験からの意見は普遍性に乏しいかもしれませんが、現代の社会環境では、ティーンエージャーともなれば、離婚後の両親にどう関わりたいか、ほとんどの子は自分で判断しうるのではないでしょうか。条約自体が、「子が返還されることを拒否し…その意見を考慮に入れることが適当である年齢および成熟度に達していると認める場合、子は元居住国への帰還を拒否できる」と、例外条項(第13条第2項)を規定しております。ここまで子の主体性に配慮するのであれば、離婚後の子の居住国の選択や上記適用年齢に関しても、もっと子の意思を反映させる方向に規定を変更してもよいのではないかと考えるのです。[12]

民族特性論との緊張関係の中で研磨されるべき人間本性論

以上はハーグ条約をめぐる私の個人的な見解でした。これを要するに、条約が現在措定している諸基準は真に普遍的なものであるか、いまだ検討の余地を残しているのではないか、ということです。本書の「はじめに」で、本書の「人間本性」と「民族特性」という視点について、そもそも「人間本性」論はそれ自体いまだ途上にあるもので、個々の「民族特性」論との緊張関係の中でさらに研磨されるべきものである、と述べました。

その伝で申しますと、ハーグ条約はたしかに国際条約として「人間本性」により近い基準に則った規定かとは思うのですが、しかしそこには依然として「民族特性」論との対論において検討され修正されるべき点があるのではないか、というのが私の感想なのです。

なぜ日本人はあたかも当然のように子どもを連れ帰るのか？　さて、いささか寄り道をしましたが、ここからは日本人母親によるアメリカからの子の連れ帰りの背景や意味に関して、私なりの弁明を、とくにアメリカ人父親たちに試みてみたいと思います。もちろん、これは日本的「民族特性」論であり、これに傾聴したとしても、彼らの最終判断は否定的であり続けるかもしれません。しかし、知的レヴェルでそれをある程度理解してもらうことは可能であり、それによって両者の感情の対立も緩和されるのではないかと思うのです。

ところで、ここまで意識して、日本人母親たちによる子の「連れ去り」ではなく「連れ帰り」と表現してきました。彼女たちにとっては連れ去ったというより連れ帰ったという意識だろうと思うからです。彼女たちはこれがそもそも「誘拐」などとはつゆだに感じておりません。「人」として「当然」(natural) と感じるからそうしているのであり、そうしなければむしろ「人でなし」なのです。では、なぜ、日本人母親は、あたかも当然のように、子どもを自国に連れ帰ってくるのでしょうか。

日本人研究者もまたこの問いに閉口している

そう問いますと、ついでに気になるのは、この連れ帰り現象を日本人研究者はどのように見ているか、ということです。実はハーグ条約と日本人との関係を問う研究はたしかになされていますが、今述べました問題を自覚的に考察している例はなかなか見当たりません。

そうした問題意識が日本人研究者にそもそも稀薄なのです。つまり、日本人にとって母による子の連れ帰りは当然のことと思えるので、あらためてこれを批判的に論じようなどとは思わないのです。「そりゃあ、そうしちゃうでしょ。無理もないよ」――これがこの現象に対する研究者たちも含めた日本人の感覚です。どうしてそうなの？　と根掘り葉掘り聞かれても困るのです。こうした問題に日本人は「閉口」してしまうのです。

注目すべき嘉本論文！

しかし、そうした中で、社会学者嘉本伊都子さんの論文「『ハーグ条約』締結だけで問題は解決しない」[13]は、この連れ帰り現象に対し明確にご自身の回答を提示しておられ、私には興味深い論考でした。この論文表題を見て「まさにその通り！」と思ったのですが、しかし嘉本さんの回答の内容を知るにつけ、やはり一言しておきたい、「いや、根はもっと深い」

という思いが消え去りませんでした。

嘉本さんは、日本人母親たちがアメリカの現地で子の連れ帰りへと追いつめられていく間接的諸要因についてるる説明する一方で、日本育ちのこれら母親たちの心理面に触れ、より直接的な理由として次のように指摘されます。曰く、

日本では高度経済成長期の一九六〇年代半ばから離婚後母親が親権をもつケースが増え、現在では親権者の八割が母親であり、それが当たり前と思って育ったために、今回の母親たちも子の連れ帰りを自然なことと考え、誘拐などとは考えていないのだ、[14]と。

嘉本さんは、さらに、彼女たちはこの時代に「郊外型核家族」において母子密着で育ったため、自らもそれを実践するのだ、とも言っておられます。[15]つまり、嘉本さんは、社会学者として、一九六〇年代からのわが国の高度経済成長期の母親たちの経済的自立と、それを反映した家族の居住形態に、この連れ帰り現象の要因を見出しておられるわけです。

高度経済成長期の女性たちの経済的自立がこの現象の根本要因か？　しかし、私の疑問は、端的に、離婚後の子育ては父親ではなく母親がするものであるということが、そうした歴史的短期間に、文化コードとして確立するものかどうか、ということです。

たしかに嘉本さんの指摘もその要因の一つかもしれません。しかし、高度経済成長期はたかだか

四半世紀間のことでした。そこで彼女たちに刷り込まれた母子関係のイメージがここ数十年間の三百五十件ほどの類似現象すべてに反映しているのでしょうか。屁理屈気味に言いますと、今回連れ帰った母親たちの母親たちもまた離婚組で、この子連れ別居の見本を示してくれた者たちだったのでしょうか。そこまでシニカルには言わないにしても、今回子を連れ帰った母親たちは、自分たちが育った時代の環境から、親権は単独親権として母がもつものと学習したのでしょうか。

いや、それよりももっと根源的で強力な文化的な促しがわが国にはあって、それがこの現象を惹き起こしているのではないだろうか、というのが、嘉本さんの社会学的な観察と理由づけに対する、私自身の問いなのです。

母親に味方し父親は退く日本の家族文化の伝統

実はこの関連で、上述のＡＢＣのリポーター、ブードロー女史が、以下のような興味深いコメントをしておりました。曰く、

「日本とは一体、どういう国なのでしょう。日本の法律は、何世紀にも渡って、母親に味方する久しい伝統の上に、作り上げられています。ですから、日本には両親の『共同親権 joint custody』といった考え方はまったくありません。父親は影が薄く、しばしば後方に退きます。日本は連れ去られた子を〔元の居住国に〕返還することを定めた〔ハーグ〕国際条約に調印していません」。[16]

ここには、先にも触れましたハーグ条約へのアピールもありますが、それ以上に重要なこととして、日本の文化に関する貴重な理解が——奇しくもアメリカ人ジャーナリストによって！——披露されています。すなわち、日本人の家族生活には母親に味方し父親は影薄く後方に退く長い文化的伝統があり、それが——少し穿って言いますと——父に無断で母が子連れ別居することも許容するような現代日本の「単独親権」という法をも生み出してきたのだ、という認識です。これは日本の文化的伝統に対する適切な認識です。

ただ、この貴重な日本文化理解もせいぜいここまでです。ブードロー女史はリポーターとして来日し、件の母親たちに苦労してインタヴューを申し込み、「生きるか死ぬかの思いで、連れ帰ってきました」[17]といった貴重な証言を引き出してはいるのですが、それ以上に文化の考察にまでは立ち入ってはいません。

それでも、彼女がおそらくはこのリポートのための短期集中的な日本研究から察知した日本文化が内包する母性原理に対する以上の指摘は、他の日本人研究者の議論よりも急所を衝いており、その点こそより深く掘り下げられねばならない、そのためには日本人の家族生活に関する文化史的考察が大きな意味をもってくる、そこから今回の日本人母親による子の連れ帰りの真の理由も明らかになってくる……

と、まあ、ここまで、以前に私が発表しました「不当な連れ去りか母子の情愛の帰結か——日本人母親によるアメリカからの子どもの連れ帰りについて」という論文[18]をなぞりつつ、データは少しアップデートしながら述べてまいりました。そして、ここまで述べてきますと、ここからは「日本人はもっぱら母親に育てられていた！」という説（本書、133頁以下）がその論文で展開されたのだな、と読者の方々は推察してくださるかもしれません。

日本人はもっぱら母親に育てられていた！ まさに、そのとおりです。上記論文でも、ここからは日本文学史家暉峻康隆さんの日本人論[19]や民俗学者高群逸江さんの母系制や婿入婚の研究[20]を参照して母系制社会日本について述べ、そこにこの日本人母親による子どもの連れ帰りの歴史的文化的背景があると論じたわけです。

ただ、上記論文におけるその後の議論は本書と重複しますので、要点のみ以下に列挙します。本書の議論の要約として、お読みいただければ幸いです。

・古代日本は、『魏志倭人伝』（三世紀末）などからも推定できるように、夫が複数の妻の家に適当に通って生活する「一夫多妻婚」であった。その場合、家族生活、とりわけ子育ての主役は母親で、父親は脇役であった。

・その家族生活は五穀すなわち「主食」の生産管理者であった母親中心に営まれていた。父親は「オカズ（副食）」を携えて、たまに家族を訪れるだけの存在であった。
・従って、子育ても命名から結婚まですべて母親が取り仕切っていた。結婚の許可も母親が下していた（『万葉集』の歌からそのことが窺える）。
・「母父《おもちち》」という当時の慣用表現も、母親が家族の主《おも》なる親で、父親は脇役であったことを示している（この表現も『万葉集』に窺える）。
・同父異母の兄弟姉妹間の結婚は許され、異父同母の場合のそれは許されなかったことも、母親中心の家族生活の実態を示している。同母のもと同居して育った兄弟姉妹が恋愛感情をもつのは不自然で非人間的と考えられたために、この結婚形態はタブーとされた。
・こうした日本古来の母系家族制を父系家族制に変えようとした嚆矢は「大化の改新」により導入された「子は父につけよ」とする中国由来の「男女之法」であり、その後もそうした政策が取られたが、日本人はそうした制度いじりにおいそれとは従わなかった。
・それゆえに、日本人には今なお母系制の心情構造が潜在しているのである。
嘉本さんと私の見解の違いは、以上のようなわが国の歴史的文化的伝統が、今回の判で押したような母親たちの子の連れ帰り現象の真の理由である、と私が考えている点にあります。日本人の――とりわけ母親たちの――心に久しく深く刻印されてきた文化的遺伝子構造が、その時々の具体的状況に応じて、本質的には変わることなく、発現するのです。

今回の連れ帰り現象もその例に洩れません。母親たちの経済的自立といった要素がこの現象の主要因ではありません。この国では子を産み、守り、育むのは是非もなく母なのです。無意識かと思わせるほど心に深く刻み込まれた意識構造が、彼女たちを、例えばこの子の連れ帰り行動に、駆り立てているわけです。

この文化的遺伝子構造を「日本教」と呼び、その核心に「母子の情愛」がある、というのが、本書の命題であり確信でもあります。「はじめに」で紹介しました神学者ティリッヒの「宗教は文化の内実、文化は宗教の形態」という命題Aが本書の日本人論の根本的な視座となっています。これを日本人に適用すると、「母子の情愛」という日本教の究極価値が日本文化の根源に存在する、という認識が成立してくるのです。

特殊日本的文化現象の根っこは「母子の情愛」!　ですので、日本教をよく理解するためには、日本人自身が「なぜ?」と当惑してしまう文化現象から始めましょう、と申し上げました。研究者でもなかなか解答できない今回のこの現象に、母性社会日本の歴史的な成り立ちの考察を当てはめると、「なぜ?」が「なるほど!」に変わってきます。

本書第三章で検討しました「臓器移植への日本人の極端な消極性」という現象よりもこの補遺における「連れ帰り現象」のほうが「日本教」の文化形態としてはよほどわかりやすいかと思います。「母子の情愛」という価値に直結している日本人母親が主役である現象だからです。[21]

いずれにしましても、初めはその原因追究に苦慮する特殊日本的現象に、日本教的母性社会の視点を適用しますと、意外に早くその根っこに辿り着くことができます。そして、この社会を生み出してきた力も、それを支え導いている現実的な力も、「母子の情愛」という究極価値であるということがわかってきます。

1 ここでこれらの番組のテキスト資料として用いているのは、Sarah Netter and Abbie Boudreau, "A Father's Plea: Desperate Effort to Return American Children Abducted to Japan," ABC News (February 15, 2011), "Abducted to Japan: Hundreds of American Children Taken," ABC News (February 16, 2011) です。以下、前者を"A Father's Plea"、後者を"Abducted to Japan"と略記して引用します。このネッターの言葉はネット配信による二〇一一年二月一五日のＡＢＣの番組から聞き取ったものです。"A Father's Plea" のテキストにはありません。

2 "Abducted to Japan."

3 Ibid.

4 Helen Pidd, "500 Children a Year Abducted from UK," *Guardian* (August 9, 2009).

5　Nadya Labi, “The Snatchback,” *Atlantic* (November, 2009).

6　外務省「ハーグ条約と日本の実施法の概要」（二〇一五年八月二四日）。

7　US Department of State, “2020 Annual Report on International Child Abduction.”

8　Ibid.

9　ある研究によれば、「家族に連れ去られた子どもたちの53パーセントが生物学的父親により、25パーセントが生物学的母親により連れ去られて」います。Heather Hammer et al., “Children Abducted by Family Members: National Estimates and Characteristics,” National Incidence Studies of Missing, Abducted, Runaway, and Thrownaway Children, U.S. Department of Justice (October, 2002), p. 2. 次の研究も「連れ去る親は55パーセントが男性」だが、「女性も以前より増加」と報告しています。P. L. Hegar et al., “Abduction of Children by Their Parents: A Survey of the Problem,” *Social Work* (September 1991), p. 421. つい最近の他の研究も母親の増加を報告しています。

10　棚村政行「ハーグ条約批准で問われる『加盟後』」、GLOBAL（二〇一三年六月号）。

11　これらの引用は “The Hague Convention on the Civil Aspects of International Child Abduction”（「国際的な子の奪取の民事上の側面に関する条約」）より。私訳です。

12　この観点で、ブードロー女史が報告した三二一件の事件中、子どもが日本からアメリカに帰国した事例について、ここで紹介しておきたいと思います。彼女は「日本からアメリカに帰国した子どもは一人もいない」（“A Father’s Plea”）と述べていましたが、Russel Goldman, “Spirited Away: Japan Won’t Let Abducted Kids Go,” ABC News (February 26, 2008) によれば、三人のみですが、アメリカに帰国した子どもがいました。そのうち二人は両親の和解によるものでした。

ここで注目したいのは自らの意思で帰国したもう一人の事例です。この事例でも母親が二〇〇一年に二人の息子を日本に連れ帰りました。五年が過ぎ、兄は日本に残ることを希望しましたが、一五歳となった弟はアメリカ人父親にその親権下で生活する決意を伝え、そのため本人と父は母の妨害を回避する等苦労を重ねましたが、日本のアメリカ領事館の協力もあり、何とかアメリカに帰国し新しい人生を開始したという話です。私はこれを子の意思が第一に重んじられた例として喜んでおります。

13 嘉本伊都子「『ハーグ条約』締結だけで問題は解決しない」、Nippon.com（二〇一三年五月一三日）；Itsuko Kamoto, "Behind Japan's Ratification of the Hague Abduction Convention," Nippon.com (June 14, 2013).

14 同上論文。

15 同上論文。

16 このブードロー女史のコメントは二〇一一年二月一五日のＡＢＣの番組中の以下のような言葉です。"What is it about Japan? Japanese laws are based on centuries of tradition favoring the mothers. There's no such things like "joint custody" and the fathers are often faded to the background. Japan has refused to sign the international treaty under which nations agree to return abducted children." なお、これは番組からの聞き取りであり、"A Father's Plea" のテキストにはありません。

17 "A Father's Plea."

18 拙論「不当な連れ去りか母子の情愛の帰結か —— 日本人母親によるアメリカからの子の連れ帰りについ

て」、青山スタンダード教育機構『青山スタンダード論集』第11号（二〇一六年一月）。Kosuke Nishitani, "An Improper Kidnapping or A Natural Consequence of Mother-Child Affection? On Japanese Mothers' Taking Away Their Children from America to Japan," 青山学院大学宗教主任研究叢書『キリスト教と文化』第32号（二〇一七年三月）。

19　暉峻康隆『日本人の愛と性』（岩波書店、一九八九年）。

20　高群逸江『母系制の研究』（一九三六年初版、講談社、一九七九年）、同『婿入婚の研究』（講談社、一九五四年）。

21　これと同じ視点からよく理解されうる特殊日本的現象と私が受け止めていることに、いわゆる「児童虐待」によるわが国の子どもの死亡数の問題があります。親からの虐待で子が死亡する事例は世界各国に共通しているわけですが、わが国においてはその死亡者数の四割もが母親による無理心中の結果だということが判明しており、これに出産直後の殺害の一割以上を加えますと、わが国における虐待死の五割以上は母による子殺しが占めているのです。これはやはり母性社会日本であればこその、しかもネガティヴで悲劇的な現象と言えるのではないでしょうか。警察庁「平成三〇年における少年非行、児童虐待および児童の性的搾取等の状況について」は、二〇〇三年から二〇一八年までの虐待による死亡児童数は一二一一人、うち無理心中によるもの四九八人、出産直後殺害によるもの一四六人と報告しています。警察庁は二〇〇三年から心中と出産直後殺害を虐待死として集計し始めました。

あとがき

本文にもしるしましたとおり、本書は著者の「日本人論」です。多くの日本人論の著述を読み学ぶ中で、山本七平さんが興味深く命名された「日本教」が、日本人の内奥に固有の究極的価値観が厳存することを指摘する効果的な概念であると確信しました。「日本教」とは、仏教とか儒教といった日本人が受け入れてきた外来の既成宗教とは異なる、日本人独自の「究極的関心」を指し示す概念なのです。そして、その究極的関心の内実を探りながら行き着いたところが、「母子の情愛」という価値でした。私はこれが、良きにつけ悪しきにつけ、日本人の究極的価値観だと確信しています。『日本教の極点——母子の情愛と日本人』という本書の題はそうした意味合いでつけたものです。

本書の議論の進め方は、「はじめに」で紹介しましたティリッヒの命題「宗教は文化の内実、文化は宗教の形態」を土台にして、文化的事象から宗教的深層へと帰納的に遡及していくというやり方です。本書では、ご覧のとおり、一つの典型的な日本的文化現象である臓器移植への日本人全般のきわめて消極的な態度ということを取り上げ、そこから出発して、いったんは日本人特有の「恩」

倫理に到着し、そこからさらに「母子の情愛」という極点に辿り着きました。

結論的に言えば、本書の日本人論は、日本人の民族特性を「母子の情愛」という価値を核心とした「母性原理社会」に見出すものである、と言えるかもしれません。もちろん、それで間違ってはいませんが、しかしそのようにあまり一般化した言い方で締め括ってしまうと、なんだそーゆーことかと、味気のない感想で放置されてしまいそうで、著者としては不満が残ります。母性原理は父性原理が乗り越えてきたより低次元の事柄だといった観念が西洋社会では支配的ですから、そうした見方で日本社会の独自性を簡単に片づけられてしまうことには納得がいきませんし、また本書の議論としても立つ瀬がありません。むしろ、その議論の中で取り上げた文化現象や、それらがどのように日本人の究極的価値観である「母子の情愛」とつながっているのかを探った論証の過程そのものがより興味深い分、また重要なのです。それが日本社会の現実とまたその深層構造を知らせてくれるからです。

なお、この過程で心がけたのは、事柄をはっきり言葉にして言い表わす、ということでした。活字にするわけですから、まったく当たり前のことですが、念頭にあったのは、日本人は――ハビヤンがそれを克服するまでは――都合が悪いと感じる事柄には「閉口」してきた、つまり明確な言葉で言い表わしてはこなかった、という山本さんの指摘でした（本書73頁）。言葉で定義してしまうと事柄に余韻や余白がなくなる、それよりも「空」といった概念風にそれは開放しておいたほうがよいのではないか、という考え方もありますが、議論を進め、思想を深化するためにも、明確な言語化は必然と考えます。定義の一面性は真実の全体性に至ろうとする議論のために必要な方途だと考えてもよいかと思っています。

ところで、「なぜ、日本人は臓器移植に否定的なのか」という問題は、倫理学に関わっている者だというので、思いもかけない仕方で、私に課題として降りかかってきたものでした。その時点では、そうした問題が「日本人論」に深く関わる事柄だという自覚はまだ湧いてはいなかったのですが、その「なぜ」を考え抜こうとするところから、私の日本人論探究の道程が見えてきたのでした。日本人自身が「なぜ?」と当惑してしまうこうした文化現象から探求し始めることが、「日本人とは何か」という探求により知的な拍車をかけてくれるように思います。あちこちにそうした文化現象が転がっているわけではないのですが、しかし気をつければ発見に至ります。ですから、読者の方々にも、ティリッヒの命題を参考に、日本人は「なぜ、こうなのか」と疑問をもたざるをえない文化現象に注目するところから、自分なりの日本人論を展開して頂きたいものだと思います。今まで——まさに自分たち自身のことなのに——よく理解できなかった色々なことが、判然としてくるかもしれません。

ちなみに、本書は著者の日本人論の半分にすぎません。原稿はこの倍の量でしたが、「新書」として出すのにこの分量では不都合ということになりました。そこで、残りの部分は「他日を期したい」と本文に幾度も書かせて頂いたとおりです。そこでは日本社会に構造的に巣食う倫理的「無責任性」の問題を論じています。江戸末期の歌舞伎『三人吉三』や大正時代の菊池寛の戯曲『父帰る』のテキストを親子関係の観点から考察したりしていますが、ここでもまた日本史、とりわけ『日本書紀』の歴史的成立の経緯に注目し、天皇家と摂関家の関係にこの無責任構造を見ようとする議論です。ウォルフレンさんの言われる「日本システム」に対する私の返答のつもりです。ただし、出版が可能になればよいのですが。

「あとがき」にはあまりふさわしくないことまで書いてしまいました。最後に、この私の研究に関心をもって関わって下さった並木浩一先生に心よりの謝意を表して、終わりたいと思います。先生はわが国を代表する旧約聖書学者です。その先生が、ある時、私の『ハビヤン版平家物語』に関する論文を目にされ、丁寧な評と励ましのお葉書を送って下さいました。それは、おそらく先生が思っておられた以上に、本書執筆のための支えとなりました。私は突き詰めていく分、視野狭窄に陥りやすいタイプかと自覚しておりますが、先生は、その後も、これは専門外ですがと仰りながら、きわめて該博な知識でこの日本人論への啓発的な批評を提供してくださいました。ありがとうございました。

二〇一九年のクリスマスに

著　者

本書の後編『「日本教」の弱点 ―― 無責任性と日本人』（ヨベル）の刊行企画に併せてこのように本書第二版を出すことが出来、必要な誤植や加筆訂正を行いました。最大の変更は、複数の読者から共通の提案を受けて、表題を旧題『母子の情愛 ――「日本教」の極点』から『「日本教」の極点 ―― 母子の情愛と日本人』に変更したことです。「日本教」概念に注目した日本人論ということが前面に出たほうがよいというのが、この提案のミソのようです。ナルホドと思い、そのようにさせて頂きました。改題改訂にあたり、補遺「不当な連れ去りか母子の情愛の帰結か ―― 日本人母親によるアメリカからの子どもの連れ帰り」を追加させていただいております。

また旧題の書評を再録させていただいております。

二〇二三年の平和の祈りの日に

著　者

著者略歴：
西谷幸介（にしたに・こうすけ）

1950年、佐賀県生。1980年、東京神学大学大学院博士課程修了。1986～88年、スイス・バーゼル大学神学部留学（97年、Dr. theol. 取得）。東北学院大学文学部教授、青山学院大学 専門職大学院国際マネジメント研究科教授、同大学院宗教主任を経て、現在、日本基督教団戸山教会主任牧師、青山学院大学名誉教授。

著書：『ニーバーとロマドカの歴史神学――その社会倫理的意義』（ヨルダン社、1996）、*Niebuhr, Hromadka, Troeltsch, and Barth: The Significance of Theology of History for Christian Social Ethics* (New York: Peter Lang Publishing, 1999)、『十字架の七つの言葉』（初版；ヨルダン社、1999、改訂新版；ヨベル、2015）、『宗教間対話と原理主義の克服』（新教出版社、2004）、*Understanding Japaneseness: A Fresh Look at Nipponjinron through "Maternal-filial Affection"* (Hamilton Books, 2017)、『教育的伝道――日本のキリスト教学校の使命』（2018）『母子の情愛――「日本教」の極点』（以上ヨベル、2020）他。
訳書：W・パネンベルク『現代キリスト教の霊性』（教文館、1987）、W・グロール『トレルチとバルト』（教文館、1991）、J・M・ロッホマン『駆けよってくださる神』（新教出版社、2000）、R・R・ニーバー『復活と歴史的理性』（新教出版社、2009）、A・リチャードソン『仕事と人間』（新教出版社、2012）他。

YOBEL 新書 092

「日本教」の極点――母子の情愛と日本人

2020年4月10日 初版発行
2023年10月15日 改題改訂 初版発行

著　者 ―― 西谷幸介
発行者 ―― 安田正人

発行所 ―― 株式会社ヨベル　YOBEL, Inc.
〒113-0033 東京都文京区本郷4-1-1　菊花ビル5F
TEL03-3818-4851　FAX03-3818-4858
e-mail：info@yobel. co. jp

印　刷 ―― 中央精版印刷株式会社
装　幀 ―― ロゴスデザイン：長尾優

配給元―日本キリスト教書販売株式会社（日キ販）
〒162-0814　東京都新宿区新小川町9-1
振替 00130-3-60976　Tel 03-3260-5670

　ISBN978-4-909871-96-1 C0216

［書評再録　週刊読書人　２０２０年６月12日号］

日本的心性の深みを突く意識
——信頼すべき日本文化論のレビューと独自の知見

西谷幸介『母子の情愛——「日本教」の極点』
ヨベル新書・二〇五頁・一一〇〇円

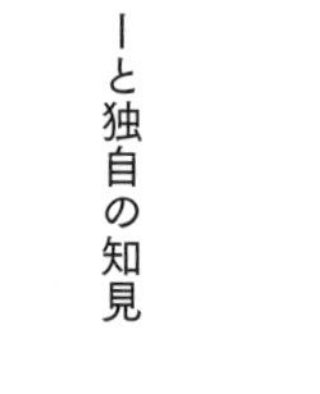

書評者：並木浩一

これまで夥しい数の日本論が出版されてきたが、日本的心性の深みを突くとともに、総合的に文化の特色を論ずる努力が払われたと言えるのか。日本文化の核心に迫る努力は依然求められている。本書はそれを意識して「納得のいく議論」の展開を心がける。西谷は昨年（二〇一九年）に青山学院大学国際マネジメント研究科の教授を定年退職した現代神学と社会倫理の学徒である。その視野は広く、着眼は鋭い。本書の内容は外国人学生を交えたセミナーでの長年の検討を経ている。西谷は米国での英文による日本論の刊行により、すでにその名が国際的に知られている。

神学は普遍的な「人間本性」を見据え、人々の「究極的関心事」を「宗教」と見なし、文化と宗教との内的な関係を重視する。その観点から著者が普遍性を備えた日本論構築への寄与を認めるのは、山本七平の「日本教」概念である。山本は『日本人とユダヤ人』（一九七〇年）でこのメタ宗教概念を提示し、その後に掘り下げた。日本人はすべてにおいて人間味を求め、「法」に対し「法外の法」を要求し、人間学が思想や宗教をも支配する。その影響を免れないキリスト者は「日本教徒キリスト派」で、マルクス主義者は「日本教徒マルクス派」である。日本人は施恩には報恩を予想し、行動は「人間相互債務論」に制約されている。

そのほか西谷が日本人論への寄与と見なすのは、森有正の親近者間の二人称関係論、河合隼雄による日本人の「母性性」の優位の指摘であり、それを先取りするかのように精神科医の古澤平作が提出し、小此木啓吾と北山修が完成した「阿闍世コンプレックス論」である。すでに古澤は父子の罪の因果の物語を日本的な風土に合う「母子物語」に改作していた。古澤から独立した土居健郎が唱道した、乳児が自己と別存在者である母を求める「甘え」概念とその拡張理解の寄与も大きかった。

西谷はこれらの理論の原基に「母子の情愛」の日本的な情緒を据え、その役割を積極的に論ずる。母子の間には無制約の施恩と報恩が行われるが、他人どうしでは恩は合理的な貸借関係として働く。この認識は、日本における脳死臓器移植の著しい消極性と、生体肝移植に対する積極的な姿勢が示す差異を説明する。後者では血縁間での恩の受贈のバランスに悩まないが、脳死臓器移植の受け手は他者の「施恩」に対する「報恩」の不可能に当惑し、負い目を懐き、他人の臓器を当てにするのは「生への妄執」では、との疑問の声も外では上がる。西谷は臓器移植に対する言説を調査し、血縁関係の有無が「恩」についての違った意識をもたらすことに気づき、そのことから二種の移植に対する反応の違いを説明した。これを論じた第3章は迫力がある。他の章での考察も興味深い。西谷は男性が女性性に傾きやすい日本では、男性の同性愛者の宣言が目立つのに対して、アメリカでは女性の側の宣言が目立つと指摘する。日本発の神学として知られた北森嘉蔵『神の痛みの神学』と日本的な情緒重視との関連も示唆されている。

西谷は「おわりに」において神社本庁公刊の英文冊子に見られる「神道信条」五箇条の訳文とコメントを記した。この重要事を詳論すれば一書をなすであろう。**本書は**新書版ながら**日本文化論の信頼すべきレビューと独自の知見を展開した情報量の多い書物**である。本書は日本人の心性を特色づける「母子の情愛」の基礎論というべきもので、その社会倫理的な影響の検討の公表を課題として残している。なお、日本人の心性には生命感覚が深く絡むゆえに、その観点を考慮に入れた考察を今後に望みたい。

（なみき・こういち　旧約聖書学）

「日本教」の核心部分を提示

西谷幸介『母子の情愛――「日本教」の極点』
ヨベル新書・二〇五頁・一一〇〇円

書評者：間瀬啓允

最近下火の日本人論に「活を入れる」好著です。狙いは一に、当の日本人に納得のいく「自分たち論」をものにしていくため、二には自分たちの特性である民族文化を再評価して、これを人間本性に基づく理想的な人類社会の実現に向けるため、その三は人類社会の根底にある文化の根源に宗教を見て、「宗教は文化の内実であり、文化は宗教の形態である」という命題（ポール・ティリッヒの「文化の神学」の有名な命題）を肉付けるためです。こうした狙いのもとで、本書は私たち日本人の文化や社会の諸現象を巧みに分析しています。

副題に使われている「日本教」というのは日本人理解のためのカギとなる概念です。そして、この概念を基本的に理解するために、山本七平、森 有正、立花 隆 等による議論を具体的に紹介しています。なかでも山本七平の「日本人の日本人知らず」「〈日本教〉概念の提示」「日本教徒キリスト派」等々への言及は、温故知新の問題提起として大いに啓発的です。そして、この「日本教」を極点と成すものが、表題の『母子の情愛』なのです。ちなみに本書のカバーには、重要文化財である邦画、狩野芳崖の筆になる「悲母観音」が印刷されています。

「母子の情愛」は既存の仏教や儒教とは区別される、わが国固有の、著者の特筆大書する「暗黙の宗教」です。そこで著者はこの核心に迫るために、日本人の特異な文化現象、たとえば「臓器移植への否定的態度」から出発して、こうした態度が日本的な「恩の倫理」の結果であり、さらにその倫理が自然な情愛にもとづく「親子関係」を母体としたものであることを跡付けています。この親子関係を著者は「母子の情愛」として特定し、これを「日本教」の核心部分としているのです。「言い換えれば、日本人の究極的関心、その宗教的価値体系の中心は、実はこの『母子の情愛』にこそある、というのが私の確信です」と表明して、著者はこれを本書の「全体統合的価値」としているのです。この見解を裏付けるものとして、河合隼雄、暉峻康隆、小此木啓吾、土居健郎、柳田国男等による議論（日本人の「母性」をめぐる議論）を易しくも説得的に紹介しています。

本書の「おわりに」において、著者は日本人がその社会的心性においても、また歴史的にも、「母性原理社会」を形成してきたことを跡付け、その内奥には「母性の情愛」という究極的な価値が存在することを論証しています。そして、とりわけ興味深いことには、その「究極的価値観」を証拠立ててくれるのが、さらに「神道」であるとして、それを裏付ける資料（五カ条から成る『神道信条』、1999年に神社本庁が外国人向けに刊行した英文パンフレット）を紹介しています。

著者は青山学院大学教授 同学院宗教主任を経て、現在は日本基督教団戸山教会の牧師さんです。「あとがき」には「本書は著者の日本人論の半分に過ぎません」と記されていますが、残されたその「半分」には日本人論に対するキリスト教の立場、牧師さんの立場からの鋭い切り込みがあるのでしょうか？　興味を引かれます。他日を待ちましょう。

（ませ・ひろまさ＝宗教哲学、慶應義塾大学名誉教授＝書評当時）

ヨベルの本（税込み）

西谷幸介著　教育的伝道――日本のキリスト教学校の使命

A5判・三七六頁・三九六〇円　ISBN978-4-907486-64-8

キリスト教の日本伝道は今まさに「危機」に瀕している。その原点に今一度立ち返ることが求められている。本書は「学校教会再興論」の提言であり、それが教育的伝道の仕上げとなる。教会と学校の分離ではなく区別の中での、しかし素振りだけで終わらない、両者の本当の連携の必要を懇切に論じる。日本伝道の原点に今一度立ち返ることが求められている好著。

金子晴勇著　東西の霊性思想――キリスト教と日本仏教との対話

四六判・二八八頁・一九八〇円　ISBN978-4-909871-534

西行や良寛を読むと心が澄み渡り、法然や親鸞に信心は鼓舞される。ルターと親鸞はなぜ、かくも似ているのか。キリスト者が禅に共感するのはなぜか。「初めに神が……」で幕を開ける聖書。唯一信仰に生きるキリスト教と、そもそも神を定立しないところから人間を語り始める仏教との間に対話は存在するのか。多くのキリスト者を悩ませてきたこの難題に「霊性」という観点から相互理解と交流の可能性を探った渾身の書。